뉴에이지 음악

그리고 크로스오버 이야기

차례
Contents

불순한 음악

물병자리

병영을 이탈한 젊은이 끌로드(Claude), 그는 펑크 머리를 하고 거리를 배회하며 자유를 만끽한다. 그리고 사랑과 평화를 구가한다. 그 '이탈'이라는 의미가 꽤나 은유적이다. 가정과 사회뿐만 아니라 외모에서도 통념을 이탈한다. 뉴욕 동부 지역 히피들의 부랑생활을 배경으로 했던 뮤지컬 『헤어 Hair』의 무대는 이런 그림이었다. 이것은 전통문화에 대한 젊은 세대의 반감을 또 다른 시각에서 조명하려는 의도였을 터였다. 월남전의 폐해를 경험했던 서구사회는 반전의식이 일반적인 공감대를 형성하기 시작하는 시기였고, 소위 포스트모더니즘이라는 시대조류가 그 모습을 드러내고 있었다. 뮤지컬 『헤어』는 보수층을 중심으로 반듯한 음악들이 유행했던 것에 비하여 대조적인 대중예술 행태를 보여주어 세상 사람들의 생각이 한결같지만은 않다는 의미를 전한다. 히피들의 길거리 행색과 거침없는 가사, 리얼하게 묘사되는 성적인 이미지는 물론, 미국의 국기를 앞에 하고 그 의미를 조롱하는 내용들은 대단히 파격적인 것이었으며, 젊은이 나름대로의 사회에 대한 안목과 고민을 시니컬한 시선으로 그려 놓아 공감을 얻은 작품이었다. 그러나 이 조잡한 행색에 대하여 깔끔한 사람들이 가만히 있을 리 만무했다. 보스턴 지방법원에서는 공연중지 처분이 내려졌고, 고등법원에서 상고절차를 밟게 된다. 그런데 법원의 결정 내용이 특이하다. 성적으로 난잡한 이미지가 과도하게 묘사되는 부분은 무대에 올릴 수 없다는 판결이 나왔지만 국기를 앞에 하고 이루어지는 모욕적인 가사 내용에는 아무런 제재도 가하지 않았다. 최근 들어 다시금 새롭게 국가의식을 강하게 표방하고 있는 미국의 사회 분위기에 비하면 당시 상황은 특이한 양상이었다.

　뮤지컬 『헤어』, 이 음악은 거의 상투적이라 할 만큼, 반문화에 관한 1960년대 청년문화 행태를 이야기할라치면 늘 맨 윗자리에 두는 유별난 물건에 해당한다. 브로드웨이 무대에 오른다는 제작 의도는 그 형식을 고스란히 유지하지만, 내용에서는 종래의 전통적인 관념을 한참 빗나가는 것이었다.

　　목성과 화성이 열을 이룰 때 날은 제7의 전당에 임하고,

우주엔 평화와 사랑의 기운이 만연하리라……. 물병자리의
시대가 밝아 오도다. 물병자리의 I대가……. 어퀘어리어스,
어퀘어리어스.

문제의 뮤지컬 중 「어퀘어리어스 Aquarius」는 이런 오묘한
별자리의 이치 비슷한 의미를 노래한다. 아주 커다란 우주력에
의하면 그리스도 탄생 이래 이천 년 동안은 열두 개의 별자리
중에 열한 번째에 해당하는 물고기자리의 시대였다고 이야기된
다. 그리고 어느 날 목성과 화성 그리고 지구가 직선으로 이어
지면 물고기자리는 끝이 나고 물병자리의 시대가 이어진다는
것이다. 그래서 그 별자리의 기운으로 지금까지의 해묵은 폐해
는 물러가고 새로운 영험으로 가득 찬 시대를 맞게 될 것이라는
뜻이다. 마치 우주의 이치가 세상 변화에 끼칠 인과성을 이야기
하는 듯 보인다. 아니면 별을 보고 점을 치는 어느 용한 집시의
운세풀이와 같은 이야
기일 수도 있겠다. 우
주력에서 한 '에이지'
는 이천하고도 이백 년
을 다시 더해야 한다는
설이 있으나, 통상 이
천 년이란 주기로 파악
하고 있다. 그야말로
별을 보듯 아득한 이야

뮤지컬 『헤어』.

기이다. 점성술사들이 그려낸 새 세상(New Age)에 관한 그림이 이러했고, 지금은 그 환절기쯤에 해당한다고 한다. 언뜻 그럴싸해 보이기도 하지만 꽤나 불가해한 이론이라고 할 수밖에.

곰곰이 뜯어보면 이는 어떤 세상인심의 새로운 흐름을 암시하는 대목이다. 그래서 뮤지컬 『헤어』를 두고 불손한 의미의 나쁜 음악이라는 논지로 열을 올리기도 한다.

이쯤에서 꽤나 뒤틀린 의미를 노래했던 이 음악을 조금 더 뜯어볼 필요가 있겠다. 애초에 제임스 레이도(James Rado)는 시류를 앞서가는 음악을 완성하고 공연할 무대를 찾았지만 사정은 여의치 않았다. 공사가 진행중이던 한 퍼블릭 시어터에서 1967년 10월에 맨 처음 겨우 무대에 올랐으나 반응 역시 별로 신통치 않은 것이었다. 후에 한 디스코클럽에서 공연을 이어가고 있었고 이를 다시 개작하여 빌트모어 시어터에서 공연하여 브로드웨이 입성에 성공하는데, 이것은 당시 흥행 안목에 뛰어난 제작자 미셸 버틀러의 솜씨였다.

아무튼 뮤지컬 『헤어』나 히피사상은 어느 날 불쑥 나타난 '현상'이 아니었다. 이들을 낳게 한 사회적인 동기가 있었을 터인데, 그것은 종래에 우월하다고 여겨지던 가치가 점차 경직화되어 가는 과정에서 초래하는 폐해라고 보아야 하지 않을까 한다. 커다란 권위와 카리스마, 이에 대항하는 시민의식, 인종과 세대 간의 갈등, 그리고 반문화와 히피와 록 음악과 반전사상, 뭐 이런 것들이 1960년대 후반기를 점철하는 키워드를 이루고 있었다. 보수적인 시각으로 놀라지면 어느 곳에서나 거치적거리는 것들 투성이었다. 1968년 언저리는 지구촌의 현대사에서 (어느 면에서 보면) 격동기에 해당했다. 우드스탁에서는 록 페스티벌이 있었는데, 이는 당시 청년문화의 한 단면을 보여준다. 그리고 바다 건너 프랑스에서는 월남전 참전을 반대하는 학생 소요가 격화되어, 후에 드골의 보수 정권을 무너뜨리는 사건으로 비화한다. 구소련의 위성국가 체코에서는 두브체크 정부가 국민들과 나란히 자유화를 외치는 새로운 물결을 목격케 하는 해이기도 했다. 이렇게 크고 작은 여러 계층으로부터 다양한 목소리가 실로 다양한 방법에 의하여 분출되던 시기가 바로 이때였다. 이처럼 어수선하게 돌아가던 세상 분위기를 제법 함축하여 대변했던 음악이 바로 뮤지컬 『헤어』였다.

노상에서

남루한 행색을 하고 거리를 배회하던 히피들이 일찍이 포스트모더니즘 풍조를 몸소 실천한 무리인 듯싶은데, 그 유래는 어떤 것이었을까? 무슨 연유에서인지 샌프란시스코의 하이트 에쉬버리(Height Ashburry) 지역에는 '세상 이치를 좀 안다(Hip)'고 자처하는 사람들이 모여들어, 인생과 우주를 이야기했다. 공원에서 가부좌를 틀고 앉아 동양철학을 논하고 명상을 수행하는데, 그 모양새는 결코 예사롭지 않은 것이었다. 샌프란시스코 지역 대학촌의 젊은 지성들이 이들의 이야기와 행동거지에 매료되기 시작한다. 이것이 바로 히피들의 성지가 형성되는 동기였고, 이렇게 반전통문화(Counter Culture) 관념을 답

습한 젊은이들이 히피 1세대인 셈이다.

청교도의 근엄한 규범 속에서 가치를 추구하던 시각에서는 이들의 행태가 이해하기 어려운 모양새였을 것이고, 중산층임을 자처하는 한 집안 안에서도 부자간에 의절을 불사할 정도의 갈등으로 나타나는 상황이었다. 그만큼 히피이념은 현실적으로 가까이에 바싹 다가서 있었고 세대 간 의식 차이가 되어 서로 첨예하게 부딪치는 양상이었다는 이야기이다. 이들이 가정이라는 전통적인 인습의 틀을 벗어나 거리를 배회했던 속사정이 무엇이었는지 헤아리는 것 또한 쉬운 일은 아니다.

이들은 애초에 정작 자신들을 '히피'라고 부르지 않았고 '비트(Beats)'라는 어휘를 사용했다고 한다. 이것은 당시 매사추세츠 태생 잭 케루악(Jack Kerouac)을 비롯한 젊은 작가들을 중심으로 한때 미국 문단을 풍미하던 이념이었다. 그 배경을 이루던 새로운 세대를 일컬어 비트 제너레이션(Beat Generation)이라 했다. 무엇인가에 강하게 얻어맞아 반쯤 정신이 혼미한 세대라는 의미이다.

전후 세대의 의식을 가장 적나라하게 실천하였고, 당대에 많은 작가들에게 영향을 주었던 닐 케서디(Neal Cassady)가 그 사상의 한가운데에 자리한다. 잭 케루악이 케서디를 동반하여 미국 전역과 멕시코 등지를 히치하이크 여행으로 보낸 행적과 대화들을 순서에 구애받지 않고 의식이 닿는 대로 서술해 놓은 픽션이 1950년대 『노상에서 *On the Road*』의 이야기이다. 퇴락한 젊은 세대의 의식을 묘사한 내용은 결국 히피사상의 원전으로 그 의미를 두고 있고, 당연히 닐 케서디와 잭 케루악 두 사람은 히피이념의 할아버지뻘이 되는 셈이다.

그리고 후에 언론들은 이들의 조잡스러운 행태에 대하여 조롱하는 뉘앙스를 담아 '히피'라는 용어를 사용했고, 이것이 내내 일반적인 의미가 되어 통용된다. 따지고 보면 히피이념이야말로 국가와 종교와 전통이라는 전체주의 틀에 의해서 변형을 강요당하던 작은 인간성에 눈을 돌리던 관념이었다고 해야 옳지 않을까? 이들은 새 세상에 대한 기대를 이렇게 구가했다. 이 시대에 벌써 체제의 틀을 벗어나 개개인의 자유로운 사고를 추구하는 기운이 넓게 퍼져 있었다는 뜻이다. 그 히피 1세대임을 자처하는 무리들, 아버지 세대를 꽤나 속상하게 만들어 놓던 젊은이들도 이제 나이가 환갑 줄을 넘어섰으니 감회가 어떨까?

라이프스타일

이제 종교적인 관점을 들여다볼 필요가 있겠다. 많은 사람들이 뉴에이지를 이야기한다. 모호하고 수월치 않은 의미인데도 어휘 자체는 그리 낯설지 않다. 애초에 이 어휘가 발생한 근원은 애매하기만 하다. 여러 가지 이야기가 전해지지만 어디에도 그 객관적인 뜻에 관하여 풀이하고 있지는 않다. 주변 정황들을 둘러보는 것이 이해에 많은 도움이 될 것이란 생각이다. 이에 대해서는 (앞서 언급한 뮤지컬 『헤어』의 「어퀘어리어스」처럼) 점성술을 하는 사람들의 의견이 재미있고, 한편에서는 기독교 원리주의자들의 이론에서도 그 뉘앙스를 읽어볼 수 있다.

이들은 뉴에이지 이념의 배경을 기원전후 1~2세기에 넓게 퍼져 있던 종교철학 '영지주의(Gnosism)'의 부활이라는 관점에서 설명한다. '영적인 인식이 신앙이나 이성적 인식보다 우월하다'는 이론인데, 결국 신격에 의한 구원보다 인간 자신에 잠재하는 영적인 능력에 착안했던 사고인 것이다. 그래서 뉴에이지 이념은 종래 기독교 원리를 벗어나는 대안이 있어야 했고, 불교와 회교 등 여러 동방 종교의 명상 수행 과정을 통한 영적인 경험을 그 방안으로 삼고 있다. 그리고 여러 이질적인 종교 관념들의 가장 높은 곳에서 하나로 모아질 수 있으리라는 이론으로 진전되기도 한다. 요컨대 범종교적인 특징을 보이게 되는 것이다. (신앙적 인식을 강조하면서 '오직 신만이 아시고 구원으로 인도한다'는 전통 기독교 관념에서, 영지주의 사고는 이단으로 결론지어진 옛 철학일 뿐만 아니라 뉴에이지 현상을 비판하는 이론의 바탕을 이루고 있다.) 여기에 다가올 2000년대에 목격할 변화에 대한 막연한 기대감이 작용했고 점성술사들의 오묘한 이론도 가세한다.

　이런 시대 인심은 20세기를 눈앞에 두고 있던 19세기 말에 이미 경험한 바 있었을 터였다. 퇴행적인 사상에 의해 변화를 기대하던 물결에 빗대어 이른바 '세기말(Fin du ciecle)'이라는 어휘를 사용하는 계기였다고 볼 수 있다. 그렇다면 2000년을 앞둔 1900년대 말은 어떤 상황이었을까? 지금보다 나은 세상을 기대하고 새로운 미래에 대한 신수를 예견해 보고 싶어 하는 것은 오랫동안 이어온 인지상정이었을 터인데, 2000년이라는 연대의 의미는 그러기에 충분한 수치였다. 그래서 새로운 밀레니엄을 앞두고 사람들은 새 세상에 대한 장밋빛 그림을 그려보기 시작했던 게 사실이다. 원리주의 종교이념으로 보면, 뮤지컬 『헤어』는 대단히 나쁜 음악이란 논박을 받을 만한 빌미를 주고 있는 듯하다. 분방하게 표현되는 하나의 예술형태로 보아도 좋을 법한데 일부 시각은 사뭇 색다르다. 세상의 수많은 사람들이 수많은 생각과 이야기를 이어가듯이 이를 보는 시각 또한 매우 다양할 수밖에 없다. 어퀘어리어스라는 그 물병 속에 담아서는 안 될 불순한 것들이 있으리라는 기우일까. 그 순수함을 이야기하는 안목의 의미가 혼돈스럽기만 하다. 순수주의를 표방하는 도그마는 이미 그 해결책이 아닐지도 모른다.

어쨌든 1960년대 히피들은 권위와 전체주의를 표방하던 전통적인 관념보다 나름대로 자유로움을 구가했을 터였고, 그 흐름은 국가주의를 등지고 개인주의 사상으로 발전하는 계기였다. 그리고 종래 절대주의 관념으로 개인을 압도하던 종교 교리를 비껴가고, 이방문화 간 섞임에 관한 새로운 현상이 큰 흐름을 이루고 있는 게 현실이다. 어느 여배우는 말년에 자신의 이름을 내걸고 뷰티 클리닉을 경영하기에 이르렀고, 요가와 명상의 탁월한 효능을 언급했다. 누군가 거기에 짐짓 철학적인 의미를 두어 논박한 일이 있었지만, 다양하게 발생하고 변형을 거듭하여 온 하나의 생활양식 정도로 이해해도 충분하지 않았을까 한다. 미용이나 건강시술, 혹은 현대의학의 한계를 보완할 대체의료 수단의 한 방편으로까지 인식되고 있는 뉴에이지 현상은 이제 하나의 새로운 라이프스타일 정도로 보아야 옳지 않을까?

왜 뉴에이지 음악인가

피아노 건반 위에 아름다운 숲 속의 이미지를 초록색 물감으로 채색한 것은 조지 윈스턴이다. 데이비드 란츠는 깊은 속내의 여린 감상을 섬세하게 노래한다. 바닷속 풍경을 그려 놓은 클레오 드 말리오의 음악은 대단히 신선하다. 스티브 로쉬(Steve Roach)가 사막의 황량한 풍경과 원시적인 기운을 음악 언어에 의해 그려 놓은 그림에는 짙은 갈색 정취가 묻어난다. 무한히 광활한 공간으로 떠날 우주여행의 환상을 사임비안은 코발트색 물감으로 덧칠해 놓았다. 세상 모든 사람들이 보고 싶어 하는 그리스도의 초상을 그려 놓은 콘스탄스 덤비(Constance Demby)의 색상은 무척 아름답다. 그리고 석가의 대자대비한 철학을 연주했던 비스코 마틴스의 음악에는 오렌지색 물감이

번진다.

바다와 초원, 숲 속 그리고 우주가 있는 청량한 그림 속으로 듣는 이를 유인하고 휴식이 있는 공간을 조성하는 음악, 그 색채와 이미지가 주는 감상은 항상 편안하기만 하다. 그 음향 속에는 신비롭고 초현실적인 홀로그램이 존재하며, 현실과 상반되는 환상이 자리한다. 고도로 디지털화된 환경을 살아가는 요즈음 사람들은 특이하게도 이처럼 신비로운 색채와 이미지가 함께하는 판타지를 통하여 각박하기만 한 현실 탈출을 시도한다. 이것은 전통음악과 달리 오히려 대단히 원시적인 감상이나 생태적 본성에 다가서는 음향으로 표현된다.

여기에는 항상 낮게 흐르고 있는 시각적인 이미지가 드러난다. 이를 두고 혹자는 '음향적 미술(Sonic painting)'이라고 부르기도 한다. 그 의미는 근·현대음악의 화두가 될 드뷔시(Claude Debussy)의 음악이념에서 벗어나지 않는 것이었다. 실로 자유로운 이미지가 음악을 들을 때마다 항상 새로운 그림으로 드러나는 화폭을 보게 만들어 주었다. 그리고 1970년대 이래 활성화되기 시작한 전자악기는 그 시각적인 이미지에 담긴 색상들을 더욱 화려하게 채색한다.

이런 종류의 음악을 두고 크게 뉴에이지라는 영역에서 파악하고 있다. 그러나 그 의미를 규정하는 것은 아직도 여의치 못하다. 대단히 복잡하고 다양한 형태의 섞임이 근간을 이루고 서로 얽혀 돌아가고 있기 때문이다. 예술 장르 간 영역을 넘나드는 섞임이 그것이다. 근·현대음악 이념이 가미되고 록 음악과 재즈가 섞였나 하면, 지구촌의 수많은 종족들이 가진 선율과 리듬도 한데 섞여 있음을 목격한다. 그래서 '갖가지 향료를 섞어 잘 흔들어 빚어낸 칵테일과 같은 음악'이라는 표현에 특히 공감하게 된다. 이것이 요컨대 크로스오버(Crossover) 또는 퓨전(Fusion)화 현상이다. 새로운 음악의 정체성을 더욱 불분명하게 만들어 놓는 요인이 크로스오버이고, 뉴에이지 음악의 대단히 중요한 수단으로 작용한다. 이렇게 세상의 다양한 문화가 서로 섞여 순수함을 잃은 채 잡스럽게 돌아가는 행태에서, 불손한 의미를 규정하는 의견이나, 이를 대단히 강도 높은 어조로 비판하는 원리주의 종교이념이 대두되기도 한다. 문제는 이런 종류의 음악이 현실적으로 현대음악 시대 이래로 커다란 흐름을 이루고 쏟아져 나와 새로운 음악 현상의 한가운데 위치하고 있다는 사실이다.

왜 뉴에이지 음악인가? 종래 음악이 추구하던 절대적인 미학에 관한 이념에 비하여 뉴에이지 음악은 앞서 언급한 내용처럼 휴식이나 명상을 위한 기능음악의 의미이고 생활과 가깝게 위치한다. 이는 종교 교리나 국가이념과 같은 전체주의 관점이 아니라 개인주의나 인본주의에 가깝고, 도식화된 틀보다는 자유로움을 구가한다. 작금의 물질적인 환경과 상반되게 신비주의적인 방법을 동원하여 휴식이 있는 공간을 조성하는 모습도 볼 수 있다. 첨단 악기가 오히려 원시적인 감회를 노래하는 것은 본시 인간의 생태적인 속성을 디스린다는 의미가 아닐까? 어쩌면 이것은 주류라고 일컬어지던 규범을 벗어나는 사고와 그에 따른 음악 현상의 한 형태일 수도 있겠다. 과거 전통적인 관념에 대한 반작용인지도 모를 일이다.

결코 일의적인 설명이 용이하지 않은, 대단히 미묘한 사회 현상이라 해야 옳겠다. 요컨대 크로스오버나 뉴에이지라는 단순한 어휘에 의해 새로운 음악 현상을 구분하거나 규정하려 드는 것 자체가 사실상 무리일 수밖에 없는 일이다. 다만 근·현대음악의 흐름에서 그 의미를 파악하는 게 온당한 일이 아닌가 한다.

그래서 어린아이처럼 순진한 가락에 환상을 담아 노래하던 '비틀즈'를 들어보아야 하겠고, 세기말 인심과 히피들의 세태를 노래한 뮤지컬 『헤어』를 다시 들어보았으면 한다. 또한 동방세계의 색감을 연주하는 많은 음악가들에게 가장 큰 영감을 주었던 알렉산드라 데이비드-닐의 행적을 눈여겨볼 필요가 있겠다. 잔뜩 세상을 냉소했을 사티의 음악도 들어보아야 하겠고, 드뷔시를 통하여 그 음악 속에 빛과 색채가 가득 어우러진 화폭이 자리하고 있다는 사실 또한 확인해 보았으면 하는 바람이다.

크로스오버 담론

근래 들어 별도로 담론의 장을 마련하고 그 의미를 학문적인 수준에서 조명해 보아야 할 필요성을 느낄 만큼 크로스오버라는 새로운 대중음악 현상이 이제 그 실체를 드러내고 있다. 2003년 10월, 국내 어느 대학교 음악 연구소에서는 대단히 이례적이고 의미 있는 심포지엄이 열렸다. 이 자리에서는 최근 영역이나 장르를 넘나들며 다양한 섞임이 있는 음악 현상에 대한 배경과 구조에 대하여 꽤 많은 이야기가 오갔다. 전통음악과의 구분에 대한 필요성을 논하는 것은 당연한 일이었다. 구별을 위한 경계가 모호하지만 예술음악과 대중음악이라는 큰 편 가름이 가능하리라는 데에는 별다른 이견이 없었다. (이분법적인 구분 자체가 무용하다는 의견이 대두되기도 했다.) 한편 이러한 현상을 포스트모더니즘이라는 시대정신의 틀 안에서 파악하자는 것이 다수의 의견이었고, 이 부분에 대하여 꽤 심도 있는 논의가 이루어졌다. 그리고 대체로 미학적인 관점에서 종래 예술음악과의 우열을 이야기하고, 거기에서 차이를 찾자는 것이 일반적인 관점이었다. 여기에는 대중음악의 상업성이나 예술적인 미학의 하향 평준화라는 우려와 비판에 대한 논지가 이어졌다.

크로스오버 현상을 이야기하기 위하여 여러 가지 사례가 거론되기도 했다. 라비 상카를 비롯한 동방전자악 요소와의 섞임의 사례를 들기 위하여 프로젝트 화면과 오디오를 동원한 것은 아주 구체적인 방안이었다. 예컨대 비틀즈나 마일스 데이비스(Miles Davis)의 음악 중의 섞임에 관한 내용이나 인용음악의 사례들이 언급되었다. 그러나 역시 단순치 않은 문화 현상으로, 아직도 어떤 변화 과정으로 인식하는 정도였고, 개념을 논하거나 결론을 추론하는 것은 유보하는 입장이었다. 요컨대 담론의 장을 마련했다는 것 자체에 의의를 두어야 할 터였다. 지금까지 단편적으로 거론되던 이야기 외에 새롭게 대두되는 논지는 별로 없었다.

이 모임에 참관하고 받은 몇 가지 아쉬웠던 인상은 이런 것들이었다. 발표자들이 구체적인 사례를 중심으로 새로운 흐름을 설명코자 했으나 이는 대단히 지엽적이고 단편적인 것들로, 커다란 흐름을 가늠하기에는 한계가 있었다. 이와 같은 개별적인 현상을 망라할라치면 꽤 오래전부터 예술적인 완성도가 높은 예술음악 영역에서조차 유사한 사례가 있어 왔다. 예컨대 조지 거쉰의 재즈의 요소를 차용한 관현악곡이나 바르톡의 민속음악을 인용하는 경우가 그렇다. 고전주의 시대 절대미학을 추구하던 음악의 주체는 귀족계층이었을 터였고, 이에 대해 상반된 이념을 표방하던 낭만주의 후기에 이르러 민족주의 이념이 전면에 부상한다. 다양한 민족의 문화적 정서를 중심으로 한 크로스오버가 일반적인 방안이었고 종래의 진부한 틀을 벗어나는 대안이었다. 전체주의 이념에 동조하지 않았던 인상주의 음악가들의 행태에서 예술 장르 간의 '겹쳐짐'은 현저하게 그 모습을 드러낸다. 그러나 이를 두고 크로스오버라고 이야기하지는 않는다. 결국 단편적인 크로스오버의 사례들은 어제오늘의 이야기가 아니기 때문이다.

그래서 크로스오버 현상을 1960년대 이래 상업성에 편승한 음악들의 국지적인 흐름으로 인식할 근거가 있느냐 하는 문제에 봉착한다. 그러나 낭만주의 후기 이래로 도도하고 커다란 흐름으로 이어지고 있는, 예술 장르 간 섞임에 관한 음악 행태들은 그리 간단치 않다.

상업적인 흐름에 편승한 크로스오버 현상이 대중적인 선호 대상으로 부각하는 데 단초가 되었던 음악들이 어떤 것이었나 뜯어보는 편이 오히려 유용한 접근 방법이었을 것이란 생각이다. 즉, 중요한 트렌드를 형성하는 동기가 되었던 음악들이 있다는 이야기이다. 우선 1970년대 초 웬디 카를로스(Wendy Carlos)가 초기 전자악기를 연주하여 제작한 『Switched on-Bach』 음반이 중요한 의미를 갖는다. 새롭게 등장한 '신시사이저'가 고전음악의 중후한 분위기를 밝고 가벼운 터치로 들려주는 유행이 1970년대 중반까지 아주 짧은 기간 동안 이어져, 사실상 크로스오버 음악의 전범을 보여주는 사건이 된다.

그리고 에냐(Enya)가 1987년 영국 BBC 방송에서 옛 켈트(Celt)인들의 생활상을 담아 방영했던 영상음악 『The Celts』와 『Watermark』의 음반이 가진 의미 역시 꼭 짚어보아야 했을 것이다. 이 음반에서 에냐는 소프라노 음역의 보컬과 전자악기의 합성음향을 잘 다듬어 수록해 세간에서 크게 각광받았고, 그런 에냐의 음악 이후 오페라 무대에서 노래하던 많은 가수들이 대중에게 다가설 음악을 노래하여 지지부진하던 음반 산업에 활력을 불어넣는 계기가 되었다. 사라 브라이트만(Sarah Brightman)이 좋은 예가 된다. 이것이 크로아티아 태생 피아니스트 막심(Maksim)의 '헨델'이나 '쇼팽' 변주, 혹은 크리스토퍼 오라일리(Christopher O'Riley)가 록 그룹 라디오헤드(Radiohead)의 음악을 연주한 피아노곡으로 이어져 그 가능성을 가늠하고 있는 양상을 눈여겨보아야 한다.

또한 음악 요소 중에 악기의 변천과 채용 내용을 짚어보았어야 옳았다. 전자악기의 등장과 그 위상을 조명함으로써 새로운 음악 현상을 거론하리라고 기대했으나 이 부분에 대한 언급은 전혀 없었다. 전통음악의 의미를 비껴가는 전자악기라는 새로운 도구로 인하여 파생되는 최근의 양상을 논하는 것은 당연했을 터였다. 이방 선율이나 향기를 더하여 서로 녹아드는 퓨전화 현상을 완성하는 데에는 모름지기 전자악기가 그 주역이었기 때문이다. 전자악기가 근래에 연주되는 음악의 근간을 이루고 있고 굳이 대중음악이라는 영역을 벗어나는 형태에서도 독자적이고 높은 예술성을 유지하고 있다는 의미이다.

무엇보다 가장 중요한 문제는 다른 곳에 있었다. '경계를 넘나드는 섞임'의 음악 행태에 대한 발표자들의 시각이 어떠했느냐 하는 것이었다. 이 모임에서 느꼈던 극히 개인적인 감상이 있었다면 그것은 논의 주제가 되었던 크로스오버 음악 현상에 대하여 발표자들의 객관적인 시각을 유지하는 데 한계가 있다는 것이었다. 결국 전통적인 예술음악 환경에 뿌리를 두고 있는 창작자(Composer) 혹은 이 분야의 '권위'로서의 시각과, 논의 대상이 될 새로운 음악에 대한 수용자(Audience)의 입장과의 괴리라고 해야 할지, 뭐 그런 것이었다. 이들이 과연 전통적인 관행을 벗어나는 다양한 시도나 변형 혹은 섞임이라는 양상에 대해 현실적이고 객관적인 안목을 유지하고 있을까? 새로운 현상에 대한 현실을 별로 대수롭게 인식하고 있지 않다고나 할까, 아무튼 수용자의 관점과의 대비가 꼭 필요하다는 생각이었다.

놀라운 것은 우리 국악의 현실과 관련한 논지에서조차 오히려 그 섞임이 대중성 확보라는 부득이한 의도로 인식되고 있다는 점이었다. 이는 다분히 미학적인 관점과 순수주의에 기울어 있는 모습이다. 무릇 '파두'나 '보사노바' 혹은 '큐반재즈' 등 소위 '월드뮤직'이라 불리는 제3세계 민속음악들은 일련의 섞임에 관한 역사적인 경험을 통하여 세계음악으로 거듭났을 터인데, 우리 국악의 현실은 순수함 그 자체가 아니었나 싶다. 오히려 알 수 없는 곳에서 흘러 들어온 트로트 가락이 우리 정서와 어우러져 훌륭한 대중음악을 형성했다는 사실에 비추어 보면, 오히려 우리가 들려줄 '월드뮤직'류의 음악은 트로트 가락이 되어야 할지도 모를 일이다. 아직 한 번도 섞임에 관한 경험이 없었던 국악의 한계를 이야기한다면 보다 더 개방적인 자세가 절실하다.

포스트모더니즘이라는 시대정신과 크로스오버는 우리의 일이 아니라 바다 건너의 상황일 뿐이라는 어느 발표자의 이야기에 비추어 보더라도, 우리 현실은 아직도 순수주의의 권위에서 벗어나지 못하고 있는 게 아닐까? 섞임의 행태에서 새로운 변화를 추구하는 예술적 속성을 군이 진부하게 논하지 않더라도 보다 우월한 거듭남을 위한 과정으로 인식할 균형감에 대한 아쉬움이 컸다.

어느 발표자의 짧은 한마디, '지구촌 사람들이 서로 조화를 이룰 미래를 위한 변화 과정'이라는 논지가 그나마 거의 유일하게 이 섞임의 음악 크로스오버에 대한 긍정적인 의미를 보여주었다. 결국 아직까지 이 새로운 음악 현상은 순수주의나 예술음악에 기울어 있는 관점에서 다소 그 의미를 폄하하는 뜻으로 사용되고 있는 현실임을 느끼게 한다.

크로스오버, 그것은 대중예술이 열등할 수밖에 없으리라는 편향된 선입견을 잔뜩 이야기하고 있는 어휘가 되어버린다. 그리고 아직도 이 큰 흐름을 이루고 있는 새로운 부류의 음악에 주류임을 인정하는 이름표를 달아 주려는 기미가 보이지 않는다. 전자악기를 근간으로 하여 이루어지고 있는 크로스오버나 뉴에이지 음악은 전통음악의 아류쯤으로 치부되는 현실이 과연 온당한 것인지 의문이 앞선다. 결국 음악예술 분야의 포스트모더니즘은 모더니티의 단절이 아니라 아직 그 연장선상에서 파악되고 있다는 뜻인지도 모를 일이다.

전자악기는 전통악기의 사생아?

1967년 가을 어느 날, 뉴욕의 어느 이름 있는 호텔에서는 한 세미나의 리셉션 연회 분위기가 무르익어 가고 있었다. 이 모임의 호스트 로버트 무그(Robert Moog)가 누구보다 부산하다. 여기에는 미국계 음악가 웬디 카를로스(Wendy Carlos)가 참석했고 일본계의 이사오 도미다(Isao Tomita)라는 사운드 엔

지니어가 자리를 같이했다. 그 속사정을 뜯어보면 이것은 로버트 무그가 새로 제작하여 시판을 앞두고 있던 전자악기 무그 신시사이저(Moog Synthesizer) 판촉을 위한 극히 상업적인 행사였다. 즉, 피아노 건반의 음역을 따라 구성한 키보드가 주제였다. 당시 RCA 신시사이저와 첨예한 경쟁관계가 지속되고 있던 상황이 그 배경이다.

이 자리에서 웬디 카를로스나 이사오 도미다는 전자악기 활용계획을 논의하고, 로버트 무그는 두 사람에게 새로운 음반 제작에 대한 지원을 약속한다. 브란덴부르크 협주곡을 연주한 웬디 카를로스의 『Switched on-Bach』 음반이 발표되기에 이른다. 그리고 조금 후에 이사오 도미다가 드뷔시의 「어린이 정경 Children's Corner」을 다시 연주하여 『Snow Flakes are Dancing』이란 음반과, 무소르크스키(Modest Mussorgsky) 등 러시아계 근대음악가들의 색채가 뚜렷한 음악을 담은 음반을 제작하게 된다. 이때가 1970년 즈음의 일이었고 전자음악의 가능성을 가늠하는 중요한 계기였다. 애초에 전위주의자 피에르 셰페르(Pierre Schaeffer)에 의해 시도되었던 꼴라쥬 형식의 음악이나 스톡하우젠(Karlheinz Schtockhausen)의 범상치 않은 사운드에서 전자음악의 유래를 찾지만 일반인들에게 들려줄 만하다는 것을 보여준 것은 웬디 카를로스의 음악이었다.

이는 종래에 주로 전위주의자들에 의해 부분적으로 사용되던 전자악기의 악의적인 이미지를 불식시키고, 전통악기 못지않게 키보드에 의해서도 모든 음역을 커버할 수 있다는 상업적인 활로를 찾는 방안에서 출발한다. 이 음악들을 들어 이른바 크로스오버라고 불렀다. 전통음악이 음악 요소 중에 비전통적인 악기와 겹친다는 의미였다.

이후 상황은 대단히 급박하게 진행된다. 이 요술방망이 같은 악기에 의해 전위적인 악풍에 대한 환상을 꿈꾸었던 것은 그룹 탠저린 드림(Tangerin Dream)이었다. 그들의 첫 음반 『Electronic Meditation』은 클라우스 슐체(Klaus Schulze)의 구상이었고 전자두뇌가 명상을 수행하는 지경까지 의인화할 만큼 테크놀로지의 발전을 목격하게 되는 시대 상황을 반영한다. 이것은 꽤나 스산스러운 음악이었다. 어떤 소리가 주는 불안함이나 내면적인 충동 따위가 이들의 전자악기에 대한 환상을 대변한다. 이른바 베를린 스쿨(Berlin School)이라는 커다란 인맥을 구성하는 단초가 되었던 탠저린 드림 그룹은 전자음악의 흐름에 대단히 중요한 의미를 갖는다. 그들은 1970년대 초에서 현재까지 30년 남짓한 기간 동안 그룹에 참여했던 30여 명의 옛 멤버들이 그 주축을 이루고 있고, 크라우스 슐체의 음반 제작사 IC에 몸담고 있는 음악가들과 더불어 작금의 전자음악계를 리드하고 있다.

한편 마일스 데이비스가 재즈 밴드에 전자악기를 도입한 이래, 이것이 퓨전 재즈라는 새로운 흐름의 중요한 계기가 되기도 한다. 게다가 독일계 그룹 크라프트베르크(Kraftwerk)가 전자적인 발진음을 근간으로 하는 음악을 선보여 요즈음 테크노 (Techno) 사운드의 할아버지 대접을 받고 있고, 프랑스의 장

미셸 자르(Jean-Michel Jarre)가 근대음악 시대 인상주의 악풍을 이어 점묘법과 같은 이미지의 분절음에 의한 음악을 연주한다. 반젤리스(Vangelis) 또한 그 의미를 가늠하기 수월치 않은 독특한 사운드가 대단히 광대한 공간의 이미지를 그려내기에 이른다. 1980~1990년대에 들어서서 유사한 형태의 음악은 그 양에서 급속히 팽창하여 전통악기에 의해 이루어지는 음악을 압도하는 듯한 양상으로 전개된다. 영상매체의 확산 또한 전자악기에 의한 사운드의 활용성 증가에 큰 몫을 하고 있고, 그 영상의 이미지에 걸맞은 음향은 주로 전자악기의 다양한 음색에 의존하고 있는 실정이다.

이제 최근 상황을 비교해 보기 위하여 바스코 마틴스(Vasco Martins), 혹은 콘스탄스 덤비의 음악을 꼭 살펴볼 필요가 있다. 이들은 대단히 웅장한 음향을 동원하여 우주 공간의 기운을 연주하였고, 이른바 뉴에이지 계열의 네오-클래시컬(Neo-Classical)이란 이름표를 달고 있어서 그 분류에 대한 정체성은 더욱더 모호해진다. 이것이 대충 초기의 전자음악 형태에서 출발하여 대략 30년 동안의 흐름을 요약한 내용이다.

네덜란드의 한 지방 도시에서 매년 개최되고 있는 클렘 닥(KLEM Dag) 페스티벌에서 오늘날 전자악기에 의해 연주되는 음악의 추이나 얼굴 윤곽을 볼 수 있는데, 갖가지 소음들에서 또 다른 미학적인 의미를 추구하려는 존 케이지(John Cage) 류의 시도가 되살아나는 곳이기도 하다. 천둥소리나 빗소리, 그리고 새소리, 혹은 바닷가의 파도소리 등 자연 속에 살아 숨

쉬는 소음에서 독특한 감상을 읽어낸다. 그뿐이 아니다. 도시에 만연한 여러 가지 파열음이 채용되기도 한다. 게다가 음악적인 판타지는 이내 외계의 우주 공간으로까지 확장된다. 이모두가 현대음악 시대 이래 '구체음악'이라는 이념과 방법을 통하여 구현되는 음향적인 '꼴라쥬'나 '합성' 방법에 관한 전자악기의 중요한 기능이다.

이 음악을 두고 미래주의(Futuristic)라고 평하는 의미에서는 전자악기가 미래의 음악에 중요한 대안이 될 수도 있다는 뜻이다. 그러나 이 미래의 음악에 중요한 도구가 될 전자악기의 의미에 대하여 이루어질 법한 온당한 평가는 아직 유보되어 있는 실정이다. 모차르트가 보았다면 온통 그의 마음을 사로잡았을 것이라는, 천의 음색을 한 악기를 전통악기의 사생아쯤으로 인식하고 있는지도 모를 일이다.

세기말을 채색한 크로스오버

　신을 찬양하기 위한 음악이 있었을 터였다. 이어서 귀족들의 취향에 다가서는 음악 시대가 이어졌는가 하면 국가와 민족주의를 표방하던 전체주의가 한때를 풍미하기도 했다. 그리고 우리는 마침내 극히 자유롭고 개인적인 안위를 구가하는 음악 시대를 경험하고 있다.

　서양음악의 변천 과정에서 전통적이고 진부한 틀을 벗어나려는 방안은 섞임이나 크로스오버 현상에서 찾을 수 있다. 고전주의 음악 시대에 비하여 낭만주의는 음악이 문학이나 설화와 겹쳐지는 시기였다. 그리고 근대음악 시대에는 전통적인 서양음악 어법의 진부함을 극복하는 방안으로 제3세계 선법을 차용하기에 이른다. 이즈음 음악은 더 이상 종래의 절대주의를 고집하지 않는다. 인상주의자들의 음악이념은 미술이나 무대예술과 크로스오버되는 시기였다. 현대음악 시대에 들어서 이러한 흐름은 더욱 뚜렷해지며, 오히려 동방세계의 사고와 소리들을 수용하는 것이 그 두드러진 방안으로 대두된다. 하지만 결코 이 근·현대음악을 두고 크로스오버라고 이야기하지 않는다. 바그너(Richard Wagner) 이후 드뷔시나 사티는 이미 일찍이 종래 귀족주의 음악보다 대중에 다가설 음악에 시선을 두고 있었고, 절대주의 음악이념을 뛰어넘기 위하여 크로스오버라는 기법을 택했을지도 모른다.

현대음악 영역에서는 1980년대 이래 '엠비언트(Ambient)'란 이름의 대단히 커다란 흐름을 형성하고 있는 부분에서 유독 크로스오버의 의미를 찾고 있다. 게다가 현대음악의 섞임의 행태 중에 동방사고에 현저하게 시선을 두고 있는 뉴에이지에 대하여는 각별한 편견마저 더해진다. 뉴에이지 영역의 엠비언트 음악이 바로 현대음악의 한 주류를 이루고 있다고 이야기하는 사람은 그리 많지 않다. 그만큼 크로스오버라는 섞임의 행태가 순수음악의 의미를 무척 불분명하게 만들어 놓고 있기 때문이다. 문제는 상업주의나 대중주의가 이미 이 시대의 가장 중요한 화두로 자리잡고 있다는 사실이다. 이는 현대음악 시대에 목격하는 수월치 않은 딜레마이다. 결국 크로스오버는 현대음악의 상업화 과정으로 이해할 수 있다. 그리고 이는 대중에게 가깝게 다가서 있는 현대음악을 포괄적인 범주에 두는 뜻이라 해야 옳다.

이제 근대음악 시대 이래 아주 뚜렷하게 모습을 드러내는 새로운 음악의 몇 가지 예와 함께 그 배경을 짚어보는 것이 작금의 뉴에이지, 혹은 크로스오버라는 상업적 음악의 의미를 가늠하는 방안이 될 것으로 보인다. 즉, 순수음악 영역에서 크로스오버의 규범이 될 음악을 짚어본다는 뜻이다.

바그너와 프로파간다

세기말이라는 어휘가 입에 오르내리기 시작한 것이 19세기 말이 아니었을까? 이 시기는 전통적인 의식의 폐해를 경험한 사람들에게 새로운 기대를 품게 했고, 세상을 보는 다양한 시각들이 혼란스럽게 얽혀 돌아가고 있었다. 그리고 여러 면에서 변화를 추구하던 시기였다. 새로운 사회 이데올로기로 민족주의가 이 시대의 가장 중요한 화두가 되어 횡행하고, 한편에서 이 이념을 표방하는 음악가들이 그들의 고유한 설화나 역사에 관한 이야기를 음악 언어에 의해 묘사하는 시도가 보편화된 흐름으로 이어진 것이 소위 낭만주의 후기의 시대 상황이었다.

사회이념으로서 18세기 계몽사상에 이어지던 민족주의는 어떤 의미에서 대단히 불길한 조짐을 잉태하고 있었다. 그리고 '국민음악'이라는 새로운 양식이 그 의식을 부채질하고, 대단한 웅변가의 포효만큼이나 집단적으로 격앙된 정서를 자극하는 데 힘을 보탠다.

일찍이 바그너의 행적에서 그런 의미를 강하게 엿볼 수 있었다. 그의 음악은 그리스도의 혈통은 유대인이 아니라 아리안족이어야 한다는 망상을 공공연히 드러내고 있었고, 이것은 이내 선민사상으로 발전하여 혐오 대상이 될 희생양을 만들어내는 상황으로 이어졌다. 급기야 나치스와 같은 심각한 집단 히스테리로 변모하는 과정을 경험케 하는데, 곧 이어지는 전쟁의 참화를 부른 비극의 서곡이 바로 이 음악들이 아니었나 싶다. 바그너는 격앙된 민족의식을 염두에 두고 있었고 그러기 위해서도 많은 사람들이 공감할 이야기는 필연적인 도구였다. 특히 자신들 민족이 우월하다는 의미를 부각시킬 만한 테마를 찾아야 했다.

당대에 큰 영향력을 발휘하던 바그너의 이념 중에 괄목할 만한 의미가 있었다면 그것은 전통음악의 귀족주의를 거부했다는 사실이다. 어쩌면 이것은 당연한 시대조류였을지도 모를 일이며, 고전적인 절대음악 혹은 순수음악에 대한 통념이 희석되기 시작하는 계기였을지 모른다. 이른바 국민의 음악이어야 한다는 뜻이었고, 음악은 그 국민의 의식을 함양키 위한 숨겨진 수단일 수도 있었다.

이 시대에 일반 시민 개개인들은 숨 막히는 듯한 삶의 고달픔을 본의 아니게 숨죽이고 감내할 수밖에 없었다. 그들은 무거운 사회이념과 변화의 소용돌이 속에서 어쩌면 상반된 의식을 키우고 있었을지도 모른다.

민족 우월주의자 바그너는 유대인을 혐오하는 숨은 의미를

『로엔그린 Lohengrin』이라는 오페라의, 한 전설적인 인물을 통하여 암시하고 있다. 그 은유적인 상징성이 이 음악의 주안점이 된다. 로엔그린은 게르만족의 일족인 아리안인으로, 예수가 수난을 겪을 때 사용했던 '성의와 성배' 등 성스러운 물건들을 지키는 기사라고 한다. 이 오페라는 영주인 아버지를 잃고 주변 사람들의 간교한 음모에 의해 곤경에 빠진 '엘자' 그리고 그녀가 처한 난세를 그려 넣고 있다. '백조의 기사'라는 상징적인 영웅이 간악한 무리들을 평정하고 돌아간다는 이야기인데, 이 무리들은 독일 민족에 의해 혐오대상이 되는 자들의 작태와 대비된다.

세속적인 일에 간여해서는 안 될 만큼 성스러운 임무를 수행하던 성배 수호기사를 등장시켜 극적인 효과를 도모했을 터인데, 로엔그린은 자신의 이름을 드러내지 않기 위해 '백조의 기사'로 자처한다. 아마 브리튼 섬의 아더왕(King Athur)과 원탁의 기사들의 성배 순례 전설 속에 나오는 렌슬럿이나 겔러허드쯤 되는 인물이라 할 수 있지 않을까. 성스러운 성배를 두고 이루어지는 여느 민족의 아름다운 전설쯤으로 이야기할 수도 있을 것이다. 그러나 후에 나치스에 의해 자행되었던 민족 우월주의 광풍에 비추어 보면 바그너의 훌륭한 음악 뒤에 숨은 '프로파간다'는 흉측하기 짝이 없는 망상이었는지도 모른다.

드뷔시의 팔레트

한 세기 남짓이 지난 1899년 파리 만국박람회는 우선 파리 시민들에게 에펠탑이라는 새로운 조형물을 가져다주었다. 하지만 당시로서야 그 탑의 형상은 고풍스러운 도시의 조경에 비하면 매우 이질적이고 눈에 익숙지 않은 철제 흉물로만 보였다. 파리 사람들은 이에 대하여 많은 이야기를 하며 함께 법석을 떨었을 테고, 공사가 진행되고 있는 동안 내내 못마땅한 눈총을 받는 우여곡절 속에 그 구조물은 시내 한복판에 위용을 드러낸다. 이 탑은 박람회를 마친 후에 철거한다는 쪽으로 가닥을 잡아 갔다.

그러나 그 철제 탑이 그려내는 완만한 곡선 위로 기다랗게 솟아올라 간 동선이나 주변과의 묘한 조화가 점차 눈에 친숙해지기 시작하는 데는 그다지 오랜 시간이 필요하지 않았다. 즉, 파리 시내 전경을 조망할 수 있도록 설계된 탑이 고도(古都)와 함께 이루어내는 극적인 대비와 어우러짐에 착안한 의견들이 점차 힘을 얻게 된다는 것이다. 그리고 다시 한번 변덕스러운 법석을 떨고 난 후에 이를 보존해야 한다는 결론에 이른다. (지금은 오히려 이 도시를 상징하는 멋진 아이콘이 되어 세계인으로부터 사랑을 받는 명물이 되었다.)

아무튼 이 시기는 20세기를 눈앞에 두고 있었고 어떤 기대감으로 사회적인 변혁을 목격하는 때라서, 에펠탑은 어찌 보면 아주 커다란 의미를 부여할 수 있는 구축물에 해당했다. 어쩌면 '모더니즘'이라는 당시 시대정신을 대변할 수 있는 하나의 중요한 상징물로 자리할 걸작이라 할 수 있었다. 단순한 형상에서 우러나오는 새로운 힘과 옛 도시의 우아한 선의 조화라고나 할까, 뭐 그런 게 아니었겠나 싶다.

파리 만국박람회의 이벤트는 당시 변화를 추구하는 흐름을 이어가던 서방세계의 예술양식에 적잖은 반향을 불러일으켰을 터였다. 많은 동양계 미술작품이 전시되어 이방의 색감을 현시적으로 접해 볼 수 있는 기회가 마련되었는데, 일본계 판화(Estempe)들의 뚜렷한 색채와 그림자나 원근법에 구속되지 않는 평면적인 회화 기법은 당대의 인상주의 후기 미술가들의 관심을 모으기에 모자라지 않았다. 이것들은 주로 에도 시대의 풍속화들이었다. 그 중에서 특히, 밝은 색감으로 채색한 기녀(Kaisai)들을 그려 넣은 작품들이 박람회 훨씬 전부터도 새로운 이념을 추구하던 화가들의 시선을 끌었고, 그래서 그들 그림에서도 가끔 그 판화의 향기가 묻어난다. '해가 맨 먼저 뜨는 나라'라 불리던, 멀리 있어서 더 신비스러운 곳의 색채가 심심치 않게 유행을 탔고, 인상주의자들은 자신들이 추구하던 빛과 색채의 의미에 대한 실마리를 동방세계의 철학에서 찾게 된다.

그 중에 드뷔시(Claude Debussy)의 시선에 와 닿은 그림은 바다의 이미지를 그려 넣은 호꾸사이의 판화였다. 멀리 후지 산을 두었고, 산을 집어삼킬 듯한 큰 파도가 요동한다. 크지 않은 화폭 속엔 바다의 생동감과 힘을 균형 있는 구도로 그려 넣었다. 단순하고 명쾌한 색상 대비는 서양인들의 이목을 끌었다. 이 그림은 음악가에게 예사롭지 않은 영감을 주었고 이를 주제로 작곡한 음악 『바다 La Mer』를 낳게 한 동기가 된다.

인상주의 미술, 이 부류에 속하는 화가들은 사물에 고유한 색채의 의미를 극복하려는 시도를 색채 분할에 관한 이념에서 착안했다는데, 그 뜻이 수월치 않다. 주광(晝光)의 양에 의하여 시시각각 변화하는 색감의 번짐에 착안했을 화폭에서 드뷔시 또한 그 의미를 찾았고, 유사한 이념을 음악적인 언어에 의하여 자유로운 이미지가 있는 선율로 그려낸다.

드뷔시는 당시 엄청난 기세로 낭만주의 후기 서양음악계를 전횡하던 바그너에 동감하지 않았다. 인상주의 이념은 독일계 민족주의 음악을 극복하는 방안이기도 했거니와, 그래서 드뷔시는 후에 「목신의 오후에의 전주」라는 아주 몽롱한 이미지의 음악을 남겼다. 이것은 상징주의 시인 말라르메에게서 주제를 얻어 작곡한 음악으로 근·현대음악의 중요한 이정표가 되었다. 이 음악은 종래 음악 어법의 관점에서는 대단히 파격적인 음향으로 표현되었는데, 글쎄, 음악 자체로서야 아무리 음악 애호가인들 그 스산한 선율을 듣고 앉아 있을 것 같지는 않다. 그러나 이후 나진스키의 안무를 곁들여 파리의 무대에 올랐을 때 이 새로운 음악에 대한 평은 꽤 호의적인 것이었다.

결국 이런 이야기이다. 바그너가 독일 민족의 집단의식을 고취하기 위하여 과장된 정서를 자극할 음악을 작곡했다면, 드뷔시는 듣는 사람마다 자유로운 감상과 시각적인 그림이 그려지는 음악을 염두에 두었다. 음악가가 제시하는 일방적이고 강한 메시지보다 듣는 사람에게 그 선택의 여지를 돌려주어 자유로움을 구가했다는 점에서 이는 대단히 진보적인 사상이었다. 그리고 드뷔시의 이 자유로운 감상과 시각적인 이미지에 관한 음악이념이 현대음악의 가장 중요한 줄기가 되어 이어지고 있다는 사실 또한 매우 중요하다.

드뷔시 역시 그의 '바다'라는 제목의 교향시 형식의 음악에 일본풍의 향료를 추가했다. 특히 1악장 서주에서 들려주는 이국 선율과 예사롭지 않은 이미지는 매우 독창적이다. 타악기의 낮은 울림이 배경에 깔리고 현악기와 관악기가 일본 색 선율의 대화를 이어간다. 바이올린 파트가 작은 물결을 보여주고 첼로에 의하여 제법 큰 파도가 일어난다. 후지 산이 보이는 바다를 스케치하는 의미일까? 여기에는 넘실대는 크고 작은 파도가 보인다. 그 파도는 이따금 재즈를 느끼게 하는 울림과 함께 서로 부딪쳐 부서진다.

두 번째 악장에 들어서면 나른한 오후의 선율이 고요한 바다에서 변화를 예감케 하는 서주가 사뭇 편안치 않다. 작은 파도와 그 파도를 스치는 바람 사이의 불규칙한 대화가 이어진다(현악과 관악파트로 나누어 그려 넣었다). 세 번째 악장에서는 저음부의 현악파트와 타악기의 드라이브가 큰 파도의 율동을 보여주는 듯하다. 그리고 이따금 트롬본의 작렬이 팀파니의 진동음과 함께 그 큰 파도의 힘을 과시한다. 격렬한 바다의 위용을 짙은 색감으로 그려내면서 음악은 끝을 맺는다.

뭐 이런 모양으로 그 음악의 이미지를 그려 보았지만 결국 드뷔시는 듣는 사람에게 어떤 뜻을 강요하지 않았다고 보아야 하겠다. 이해하고 느낌을 갖는 것은 순전히 듣는 사람의 몫으로 돌리고 있는 것이다.

영국계 음악가 스티브 블런킨소프(Steve Blenkinsopp)가 연주하는 『Making Waves』라는 음반에 대하여 평론가들 사이에서는 한때 많은 이야기가 오간 일이 있었다. 현대음악 영역에서 새삼스럽게 전자악기의 위치를 어떠한 것으로 인식할 것인가에 관한 문제였다. 이것은 그 다양하게 표현되는 직설적이거나 상징적인 음색들을 여전히 등한시하기란 현실적으로 적절치 않다는 의견이 확산되는 계기가 되었을 것이다.

이 1991년 작 인상주의 음악은 드뷔시의 그림을 다시 보여 주려는 듯한 소리를 가득 담고 있다. 이 음악이 그려내는 이미지는 대단히 현시적이다. 실개천의 작은 물줄기에서부터 이야기가 시작된다. 그리고 이것은 제법 큰 물살을 이루고는 도도한 흐름으로 이어지고, 바다에 이르러 커다란 파도가 되어 춤을 춘다. 아주 독특한 음향이 아름다운 소리의 결을 만들어냈고, 그 색감은 작은 물방울이 꿈을 꾸는 듯한 일련의 그림을 그려냈다. 전자악기에 의하여 자연 경관의 섬세한 감상을 스케치한 음악의 전범으로 삼을 만하다.

인상주의 회화의 색채 속에 아름다운 풍경을 스케치한 음악가 중에 앙드레 가뇽(Andre Gagnon)의 선율이 또한 대단히 절묘하다. 그의 「설원 Neiges」이 그려 놓은 이미지가 특히 그렇지 싶은데, 음악가가 건네는 구도 속에서 듣는 사람마다 자신이 겪었던 겨울 이야기를 다시 돌아보게 되는 선율이다.

사티의 환상

현대음악을 이야기하자면 먼저 근대음악의 흐름을 들여다 보아야 하는데, 그렇다면 어디까지 거슬러 올라가야 할까? 근대음악 시대에 이루어진 변화의 폭이 워낙 현저한 것이었기 때문에 명확한 대답을 하기란 어렵다.

낭만주의 후기 바그너를 거론해야 할까? 전통음악의 귀족주의를 못마땅히 여기고 음악이 곧 국민의 것이 되어야 한다는 철학이나, 민족의식을 고양한다는 그의 뜻은, 음악이 종래 소수의 힘 있는 한량들의 전유물에서 벗어나 대중을 위한 것이 되어야 한다는 말이니, 바로 여기에 큰 의의를 둘 수 있을 법하다.

한편 민족주의라는 지나치게 편향된 흐름이 한때를 풍미했을 때, 이에 반기를 든 것이 인상주의를 표방하는 일련의 근대음악가들이었는데, 드뷔시와 라벨 그리고 사티 등 프랑스계 음악가들이 그 부류에 속한다. 그중 에릭 사티(Erik Satie)의 음악 색채는 유별나다. 유별난 만큼 그의 음악들은 일반적인 음악 애호가들의 귀에 그다지 친숙한 것이 되지 못했다. 주로 '이야기되어지는 음악'이라는 표현이 꽤 그럴듯하다. 그러나 현대음악의 흐름을 이야기할 땐 그를 조금 더 가깝게 들여다보는 게 꼭 필요하지 않을까 싶다.

콧등에 걸친 안경과 구레나룻에서부터 흘러내려 온 염소수염, 신경질적인 그의 인상을 보면 좀처럼 호감이 가는 구석을 찾아보기 어렵다. 거기에다 이상한 옷을 입고 몽마르트르 거리의 선술집에서 반쯤 취한 채 피아노를 연주하고 있는 사티의 이미지를 연상해 보면, 그의 음악 제목들과 더불어 이러저러한 선입견이 잔뜩 보태진다. 그러나 장 꼭도(Jean Cocteau)가 스케치한 그림 속 사티의 이미지는 그래도 친구로서의 호의가 넘친다. 잘 봐준 그림이었다는 생각이다.

몽마르트르에서 그는 생계를 위한 궁색한 음악활동을 이어가야 했지만, 그동안에도 이 외모만큼이나 괴팍한 성격의 음악가 곁에 많은 친구들이 모여들었다는 이야기이다. 드뷔시나 라벨과 친숙한 교분을 유지했고, 장 꼭도와도 마찬가지였다. 피카소와 디아길레프와도 가깝게 지냈다. 그러나 정작 사티 자신은 항상 주체하기 힘든 외로움을 등에 지고 다녔다는데, 그것은 아마도 그의 음악 의지와 현실 사이의 거리감, 사안을 한 번 더 뒤집어 보고 나서야 직성이 풀리는 별난 성깔 때문이었을 것이다. 프롤레타리아 혁명이념을 신봉하던 젊은 사티는 모든 옛 구조에 대해서 늘 냉소적인 시선을 두었을 것이고, 그것은 때로는 투쟁의 대상으로 보였을지도 모를 일이다.

그러나 이와 같은 선입견과는 다르게 그의 태도는 대단히 탐구적이었고 순수했다고 한다. 새로운 색채감으로 번뜩이는 사티의 음악에 대하여 시종 과대망상이라는 비난을 쏟아 붓던 당대의 많은 예술가들은 늘 그의 행동거지를 곁눈질로 지켜보고 있었고, 때론 그의 기발한 발상을 이용하려 들기도 했다. 같은 시대를 살았던 드뷔시와는 서로 영향을 주고받았다는데, 그렇다면 이 둘은 어떤 차이를 가지고 있을까? 드뷔시는 인상주의보다는 당시 문학의 한 조류를 이루고 있던 상징주의를 의도하였을 것이다. 그의 음악 이미지가 아주 몽환적이었던 것처럼. 그래서 사티는 드뷔시의 모호한 표현양식에 동조하지 않았고 보다 선명한 색채의 음향에 착안했다고 한다.

사티의 음악 중에 듣는 즐거움을 함께하고 쉽게 가까이할 만한 곡이 어떤 것이 있었을까 생각할라치면 난감한 생각이 앞선다. 사실 거의 없다. 있다 해도 『짐노페디스』와 『그노시엔』 중의 피아노곡 몇 개 외에는. 그나마 『짐노페디스』만 해도 드뷔시에 의해 관현악곡으로 편곡·연주된 것을 들었다. 우리는 사실 음악가에 대한 어떤 부담스러운 선입견에서 쉽사리 벗어나지 못한다. '바싹 마른 태아' 혹은 '관료적인 소나티네'라는 표제에서부터, 그의 음악은 벌써 기괴한 인상을 갖게 한다. 그러나 의외로 그 내용은 멀리 있는 것만은 아니다. 차분하고 조용한 공간에서 혼자 생각에 빠져들고 싶을 때에 잠깐 동안은 들을 만하다. 하지만 굳이 그 독특하고, 이따금 무거운 톤의 썩 편치만은 않은 선율들을 듣고 있어야 할 이유는 없겠다라는 생각이 든다.

어느 음반 회사에서 클래식 시리즈로 발간한 『Piano Works』라는 음반에는 사티의 음악 28곡이 수록되어 있다. 이들 곡들의 이름이나 지시어에서부터 그의 조롱과 냉소가 가득하다. 하지만 전반적으로 단순하고 완만한 선율이 드리우는 느낌은 꽤나 독특하다. 그러나 그 느리게 반복되는 피아노 음정 하나하나를 따라 듣고 있노라면 한없이 어두운 심연 속으로 나선

형의 곡선을 그리며 빠져들어서는 헤어날 출구를 찾지 못할 만큼 가라앉아버린다는 게 개인적인 감상이다. 아마 현대회화를 전시하는 갤러리에서 아주 낮은 볼륨으로 흐르게 할 때 제격이라는 생각이다. 어느 순간 모르는 사이에 한 소절을 흘려들어야 할, 듣는다기보다 들려지는 음악이라고 할 수 있지 않을까 싶다. 사람들의 의식과 어떤 공간이나 이미지를 긴밀하게 이어주는 매개자와 같은 음악이란 점에서 소위 설치음악, 혹은 가구 음악(Furniture Music)의 특징으로 거론되는 기능성 음향의 한 모습을 드러냈는데, 종래 절대음악에 비하면 색다른 이념이다.

그의 음악에는 이상하리만큼 강한 마력 비슷한 것이 작용한다. 무슨 주술적인 힘이 있다는 생각마저 드는데, 들을 때마다 한없이 침잠하는 감정 말고도, 비어 있는 화폭에 비교적 어두운 색채의 물감을 아주 자유롭게 하나씩 찍어 넣고 있는 초현실주의 회화와 같은 시각적인 이미지가 항상 가깝게 있다. 음악가의 유머와 기지 그리고 냉소적인 의지가 그렇게 묻어나고 있다.

무슨 이야기일까? 사티의 음악을 우선은 '개념에 관한 음악'이라고 가정해 보면 어떨까. 그 개념을 언젠가는 꼭 다시 정리해 볼 필요가 있다는 뜻이다. 또 사티의 음악에 대하여 단순히 수집을 위한 것이라거나, 혹은 사가들의 몫으로 두고 애호가들의 거실에 흐르게 할 그런 작품과는 거리가 있다고 치부해버리기엔 조금 더 전향적인 시각이 필요하다는 생각이 들기 때문이다. 근간에 들어 많은 피아니스트들이 그의 음악을 다시

해석하고 연주하는 이유가 여기에 있는지도 모를 일이다.

그의 음악에 대한 천재성은 다른 뜻으로 인식하여야 한다. 이를 위해 몇 개의 곡을 다시 한번 짚어볼 필요가 있다. 혹시 이것은 실로 한 세기 이상을 미리 내다보는 안목이 아니었을까? 아주 단순하고 제한된 구성으로 연주하는 1888년 작 「피아노를 위한 세 개의 짐노페디스」의 우울한 선율은 미니멀리즘(Minimalism)의 구조를 예견한 것이었을까? 뿐만 아니라 이 음악은 '명상음악'의 형식을 디자인해 놓았다는 평가를 받고 있을 정도로 인체의 호흡 리듬과 매우 가깝게 이어진다.

어느 무성영화의 간주곡으로 사용했다는 1924년 작 「금일 휴연 Relache」이란 음악은 앞서 언급한 감상처럼 소위 가구 음악 또는 공간과 인간 정서 사이에 균형과 조화를 도모키 위한 '엠비언트(Ambient)' 장르의 할아버지뻘이 되는 형식이라는 의의를 가지고 있다. 이는 현대음악의 기능성이나 실용성에 관한 가장 두드러진 얼굴 윤곽을 미리 암시해 놓았다는 뜻이다.

자연발생 음향이나 생활 소음을 직접 구성하고 무대 안무를 곁들인 1917년의 『파라드 Parade』에서는 초현실적인 색채의 꼴라쥬 음악을 선보인 바 있는데, 그 그림 또한 유별나다. 이 음악은 후에 전위적인 음악가들의 표현주의와 구체음악 이념의 방법으로 발전한다. 여기에는 장 꼭도와 피카소 그리고 디아길레프가 참가하여 매우 진보적인 무대를 만들어냈으나 사람들은 이 역시 기괴하기 짝이 없는 장난 정도로 치부해버렸다고 한다. 사티 일행의 초현실주의 구상은 매우 진지한 것이었으나 이를 이해하는 사람은 그리 많지 않았다는 이야기이다.

여기엔 재미있는 사족 하나가 덧붙여진다. 이 파라드 시절에 피카소는 디아길레프의 한 발레리나 올가 코를로바를 알게 되었고, 그녀를 세 번째 부인으로 맞이하며 여성 편력을 과시한다. 그러나 피카소의 마지막을 곁에서 지켜본 것은 그녀가 아니었다. 그 후로도 그와 가까이했던 여인들은 연이어 바뀌었고, 그때마다 그 여인들이 피카소의 모델이 되어 그려지거나 화가에게 영감을 주었다. 피카소처럼 여복이 많았던 예술가도 사실 그리 많은 건 아니었을 것이다.

이 한 시대를 앞서 내다보았던 외로운 천재의 반항과 기지와 유머정신에서부터 실로 근·현대음악의 의미가 윤곽을 드러내기 시작한다는 뜻에서, 사티의 '개념에 관한 음악'의 커다란 의의는 결코 과소평가되어서는 안 된다.

독창적인 색채에 전통 어법을 벗어나는 그의 때 이른 시도는 상당한 세월이 지난 후에야 사뭇 진지하게 다시 이야기되고 있는 실정이다. 어쩌면 근·현대음악의 맨 윗자리에 두어야 할 인물을 이제야 알아보기 시작했다는 뜻이다. 그리고 사티의 개념들은 후대에 하나도 빠짐없이 현실로 드러나고 있으니, 실로 대단한 안목이었다고 할 수 있다.

무소르크스키, 『전람회의 그림』

예전에 푸른 제복을 입던 어느 분이 갑작스레 자수성가하여 굉장히 높은 자리를 차지하고 들어앉았을 때, 언제나 영상 자막을 마주할라치면 맨 먼저 그분을 보아야 했는데, 그 배경에는 대단한 음악들이 사용되어 짐짓 개운치 않던 위풍을 과시하곤 했다. 이 때문에 그때 즐겨 사용된 음악들은 지금 들어도 그 근엄한 인상이 각인되어 남아 있음을 느끼게 한다. 거기에는 무소르크스키의 『전람회의 그림』 중에 「키에프의 문 La grande porte de Kief」이 한몫 거들었을 터였다. 마치 어느 구국의 영웅이 큰일을 치르고 나서 개선이라도 하시는, 그런 그림을 선명하게 보여줄 듯이, 심벌즈의 드라이브와 팡파르에 실린 무게감이 압도적인 선율이 되어 곡의 서주를 장식한다. 그래서 이 곡은 어느새 그분의 주제 음악인 것처럼 착각을 일으킬 만큼 고착화된 이미지를 만들어내는 데 성공한 셈이다. (아니면 우스꽝스러운 역겨움을 심어주는 데 일조했을지도 모를 일이다.) 아무튼 훌륭한 음악에 썩 석연치 않은 인상을 남겼고, 그랬을 만큼 많은 사람들을 아주 왜소하고 무력한 바보로 만들어 놓았던, 유감스러운 음악이 되어버린 것이다.

하기야 무릇 힘을 거머쥔 사람이 대중에게 아름다운 이미지를 조성하는 데 음악을 십분 활용했던 것은 별로 새로운 이야기도 아니다. 글쎄, 이런 쓰임새의 음악을 두고 '격앙가'라고 하는 건지, 아니면 '우민가'라고 해도 되는 건지, 뭐 대충 그쯤 되는 게 아닐까 싶어진다. 여기에서도 역시 음악이 건네는 시각적인 이미지나 색채의 마력에 초점이 모아진다.

러시아와 동유럽 음악가들의 색채가 뚜렷한 음악을 눈여겨보았던 사람들은 프랑스를 중심으로 일기 시작하던 인상주의 음악가들이었다. 이같이 슬라브 민족이나 보헤미아의 향기에 묻어나던 민족주의 음악의 이미지는 어느 음악 못지않게 회화적이었다. 종래 음악의 색채에 비하면 그 농도가 대단히 짙은 것이었는데, 이점이 인상주의자들의 의도가 아니었을까. 그래서 드뷔시가 호꾸사이의 판화에서 얻은 이미지를 연주했을 때 그 선율은 이미 새로운 형식이 아니었다. 일찍이 무소르크스키가 1870년대 초에 작곡한 피아노 모음곡 『전람회의 그림』에서 그 유래를 찾을 수도 있다. 아무튼 이것은 미술과 음악이 서로 만나 접점을 확인하는 대단히 중요한 작품이었다.

음악과 미술을 크로스오버해 놓은 『전람회의 그림』은 어떤 배경을 하고 있었을까? 소위 러시아 민족음악 5인조의 한 사람이라고 이야기되던 무소르크스키 역시 여타 음악가들처럼 음악에 대하여 체계적인 교육을 받은 적이 없는 사람으로, 어쩌면 이 방면의 아마추어에 해당했다. 그는 귀족 집안에서 태어난 군인의 신분이었으나, 그의 음악적인 직관은 여타 작품들의 독창성이나 완성도에 비추어 대단히 높게 평가되고 있다.

애초에 이 음악은 피아노 모음곡으로 작곡되었으나 무소르크스키 생전에는 사람들로부터 별 관심을 사지 못한 작품으로 남아 있었다. 원래 그의 절친한 친구 빅토르 하르트만(Victor Hartmann)의 그림 열 점에 대한 감상을 차례대로 음악이라는 언어에 의하여 다시 그려낸 작품이다. 대단히 유능한 건축가이고 디자이너인가 하면 화가로 알려진 하르트만이 35세의 나

이에 요절했을 때, 무소르크스키가 그를 추모하기 위한 개인전을 개최했고, 그때 이 음악을 작곡했다고 한다. 이 음악의 구도에서 특이한 것은 그림과 그림 사이를 이동하기 위하여 '걸음을 옮김(Promenade)'에 대한 간주곡을 두었고, 그 변주에 의하여 각각의 그림들에 대한 음악가의 감상을 음미해 볼 수 있는, 차분한 보폭과 맞아떨어지는 리듬을 연주했다는 점이다.

결국 이 음악의 회화적인 이미지에 또 다른 색채를 더하여 다시금 커다란 화폭으로 그려낸 것은 프랑스계 음악가들의 새로운 조류를 이루던 인상주의에 영향을 받은 모리스 라벨(Maurris Ravel)이었다. 이것이 1920년대 초의 일이었다. 라벨의 관현악에 대한 탁월한 기량은 『전람회의 그림』을 대단히 화려한 새 옷으로 갈아 입혔고, 그 멜로디가 그려내는 아름다운 그림에 비로소 사람들은 눈과 귀를 한껏 열어 놓게 되었다.

이 『전람회의 그림』 중에 다섯 번째 곡 「껍질을 등에 진 병아리의 춤 Ballet de poussins dans leurs coques」의 이미지가 무척 재미있다. 음악가가 어느 발레 무대의 의상에서 얻은 그림을 연주했다는데, 아직 껍질에서 다 빠져나오지 못한 병아리가 두 발로 서서는 귀엽고 부산스레 거동하는 모양이 아주 뚜렷하게 시야에 드러나는 음악이다. 마지막 곡 「키에프의 문」을 듣고 그 위풍당당한 힘을 느껴보는 것도 무소르크스키의 음악이 미술과 만나는 현장을 확인할 수 있는 계기가 될 듯하다. 이것이 바로 러시아와 동부 유럽계 음악가들이 근·현대음악에 드리웠던 색상이다.

메시앙, 시간의 종말을 위한 사중주

　뉴에이지 음악의 구조, 그것은 형식이나 틀을 벗어나며, 아주 오래전의 설화 속에서 신비로운 향료를 얻는다. 그러기 위해서 크로스오버는 뉴에이지 음악의 매우 중요한 방법으로 자리한다. 그것은 다양한 종족 선율의 은밀한 의미를 추구하며, 자연 음이 주는 깊은 감회를 노래한다. 한마디로 말하자면 '섞임'의 의미를 가장 극명하게 보여주는 음악양식이다.

　이는 특히 1940년대 전위주의자 올리비에 메시앙(Olivier Maessien)의 음악이념과 매우 근접하게 맞아떨어진다. 그는 개혁적인 전위주의자로서의 위상과 달리 철저하게 가톨릭 교리를 바탕으로 하여 음악을 구상하였다. 인간과 자연과 신의 세계를 표현하고자 노력하였던 메시앙은 동양의 리듬과 음향에 지대한 관심을 두었고, 동방음악 견문을 위한 여행에 많은 시간을 보내게 된다. 특히 자연의 소리 중에서 무척 다양한 새소리를 악보로 옮기고, 그 소리의 근원에 의해 인간 감성에 근접하려는 음악을 염두에 두고 있었다. 즉, 자연환경을 신의 축복으로 여기고 새소리를 신의 메시지로 인식하고자 하는 '신비주의' 시각에서 작품을 구상하였다는 이야기인데, 그의 전위적인 실험성이나 자연 친화적인 동기와 같은 여러 모습들에서 뉴에이지 음악의 구조를 미리 예고하는 듯한 모습을 보게 된다. 한편 그는 후일 스톡하우젠이나 베베른 등 그의 제자들이 지나치게 두드러지고 과장된 개성을 표현하는 음악활동을 염

려스럽게 여겼다고 한다.

그런 그의 여러 작품 중에 『시간의 종말을 위한 4중주 Quartuor pour la fin du temps』의 의미는 무엇이었을까? 세상의 종말을 노래한 것일까? 어쩌면 그것은 새로운 시작의 의미였을지도 모를 일이다. 이 곡은 그가 나치스의 포로가 되어 수용소에 갇혀 있을 때 작곡되었다. 그곳에서 처음 연주되었을 때에도 그 사운드에는 새소리가 가녀린 한 가닥 희망을 이야기하고 있었으니, 이데올로기를 명분 삼아 자행되던 전쟁의 잔혹상을 고발하고 그 종말을 예견한 작품이라고 보아야 하지 않을까? 어쩌면 전체주의의 폭력을 작고 선한 개인의 인간성으로 극복할 수 있으리라는 뜻을 담고 있는 것인지도 모른다.

이런 메시앙의 이념이 바로 작금의 각박한 현실을 벗어나려는 현대인들의 의식이나 뉴에이지 음악의 구조에 그대로 이어지고 있다는 사실이 신통하기만 하다. 그 어두운 색채 뒤에 숨어 있을 밝은 빛의 연민…… 어쩌면 이 새로운 음악 현상의 근원은 바로 여기에서 찾을 수 있지 않을까?

동쪽으로 떠난 여인

여러 요소들 중에 동방사상과 소리에 착안한 음악이 괄목할 만한 흐름을 이루고 이어지는데, 이것은 현대음악 시대 이래로 중요한 방안으로 자리한다. 뉴에이지 음악의 정서 친화적인 선율이나 명상적인 사운드에 이르러 특히 그렇다. 그 동방사상을 연주하는 음악가들에게 가장 큰 영감을 주었던 인물이 알렉산드라 데이비드-닐이었다. 그녀는 일찍이 19세기에 여성이라는 핸디캡을 무릅쓰고 누구보다 먼저 동방문화의 현장 속으로 몸을 던져 순례하였고 그 깊은 의미를 터득하려 했던 인물이었다. 이제부터 그녀와 관련하여 동방사상에 크로스오버되었던 뉴에이지 음악의 예를 살펴보고자 한다.

알렉산드라 데이비드-닐의 여정

티베트의 이른 새벽, 이제 막 날이 밝고 있던 1921년 2월 어느 날이다. 한 무리의 작은 순례행렬이 암도(Amdo) 수도원 정문을 서둘러 빠져나오고 있었다.

두어 마리의 당나귀 등에는 짐 꾸러미가 잔뜩 실려 있다. 네 명의 티베트 원주민 청년들이 잰 걸음으로 이들을 따라 길을 재촉한다. 이들은 양털 누더기를 걸쳤고 털모자에 야크 소가죽 신발을 신고 있다. 호흡할 때마다 한겨울 찬 공기 속으로 거칠게 입김을 뿜어낸다. 어깨에서 가슴을 가로지르는 멜빵에는 단발식 소총이 매달려 있다. 이것은 이 청년들의 자부심이기도 하거니와 쉽게 넘볼 수 없는 무력에 대한 시위의 의미였다.

옆으로 뚱뚱해 보이는 승려 한 사람이 성큼 성큼 행렬을 따른다. 그는 털 내피가 들어 있는 주황색 승복을 걸쳐 입었고, 커다란 양털 모자로 거의 얼굴 전체를 가리고 있다. 낮은 언덕 마루를 지날 때 승려는 아쉬운 시선을 하고 잠깐 동안 뒤를 돌아다본다. 쿰붐(Kum Bum)의 하얀 건물과 빨간 색 성곽을 한 번 더 눈여겨보고 싶었던 것이다. 이제 이 광경을 다시는 볼 수 없을 것이라는 감회에 못내 서글프기만 하다.

더 이상 머뭇거릴 여유가 없었다. 이내 길을 재촉해야 했다. 일행은 황토 빛 흙 절벽을 끼고 이어지는 좁은 내리막길에 접어든다. 이때 한 무리의 낙타에 짐을 싣고 이동하고 있던 카라반과 맞닥뜨린다. 누구든 어느 한쪽이 반 마일 정도를 물러서야 겨우 통과할 수 있게 되어 있는 좁은 길이다. 카라반의 우두머리인 몽고인이나 승려로서도 승려 쪽에서 길을 내주는 것이 사리에 맞는 상황이라고 판단하고 있었다.

그러나 승려 쪽 청년들은 이에 동의하지 않는다. 언제나 승려의 행렬이 우선하도록 안내하는 게 자신들의 할 도리라고 여기고 있기 때문이었다. 카라반을 위하여 자기 쪽에서 먼저 길을 내어 주도록 지시하는 것은 승려로서의 권위를 스스로 포기한다는 뜻이었다. 승려는 잠시 머뭇거린다. 승려로서는 그런 사정에 개의치 않았으나 청년들의 의식을 무시하지 않아야 된다는 판단이었다. 그래서 버티어 서 본다. 카라반의 낙타들이 서로 머리를 부딪치며 대열을 흩뜨려 놓는다. 갑자기 성급한 몽고인이 먼저 총을 들이대며 소리를 지른다. 승려의 청년들 또한 이에 맞대응했는데, 그 동작이 무척 민첩하다.

그러나 사태는 의외로 수월하게 정리된다. 승려 일행의 총이 보다 신식이라는 사실을 알아차렸던지 카라반이 먼저 무기를 거두어들인 것이다. 낙타들을 어르고 대열을 수습한 몽고인은 승려 일행을 위하여 길을 내어 주기 위하여 꽤 먼 거리를 물러선다. 좁은 길을 다 빠져나왔을 때 승려는 몽고인에게 중국돈 두 닢을 건네주고는 길을 서두른다.

한낮이 되어 기온은 삼십 도 가까이 솟아오르고 황토 빛 땅을 달군다. 털옷을 벗어 넣어야 하는 시간이었다. 낮 동안에 40km 이상을 걸어야 하기 때문에 지체할 여유가 없었다. 산으로 둘러싸여 거꾸로 선 무지개 모양의 대지를 내내 걸었다. 개천을 건널 땐 승려가 맨 먼저 물속으로 들어가기를 주저하지 않는다. 주광이 점점 옅어지고 서녘 하늘에 맞닿은 산등성이의 윤곽이 이내 어둠 속으로 사라지려 한다. 이제 잠자리를 위한 캠프를 마련해야 할 시간이다.

다행히 어질어 보이는 유목민들이 일행 인근에 캠프를 마련했다. 승려는 그들에게서 우유를 구걸해, 일행과 더불어 모처럼 든든한 식사를 할 수 있었다. 옷가지를 겹쳐 베개를 마련한다. 그 사이에는 리볼버 권총을 묻어 놓는다. 잠을 청한다. 그리고 라싸(Lhasa)에 도착해 있을 황홀한 꿈을 꾼다. 구름 한 점 없는 밤하늘이 아름답다. 별들이 고원의 정령들과 차가운 대기 속을 밤새워 속삭인다.

티베트의 등불

이 땅딸막한 풍모의 승려는 누구였을까? 그가, 아니 그녀가 바로 남장을 한 알렉산드라 데이비드-닐(Alexandra David-Neel)이었다. 앞의 내용은 라싸로 향하는 순례 여정의 하루를 묘사하고 있는 전기의 한 부분이다.

그녀를 두고 서양 여인으로는 맨 처음 티베트의 불교 성지 라싸를 방문한 인물이라고 한다. 또한 모험가라거나 당대에 가장 깊이 있는 불교학자, 또는 오리엔탈리스트(Orientalist)로 꼽히기에 결코 모자람이 없는 실천철학을 보여주었다는 평이 있으며, 그래서 지난 세기의 맨 윗자리에 두어야 할 열혈 여성으로 꼽히곤 한다.

그녀는 실로 어려서부터 어쩔 수 없는 역마살을 과시한다. 한 곳에 진득하게 정착하는 것은 도저히 그녀와는 맞지 않는 일이었다. 1868년, 그녀는 부유한 프랑스인 아버지와 스웨덴계 가톨릭 신자인 어머니 사이에서 외동딸로 태어났다. 다섯 살에 파리 인근 벵센느 숲 속을 혼자 헤집고 다니는 원정 여행을 시작했지만, 늦도록 집에 돌아오지 않는 딸을 찾아 숲 속을 뒤지던 식구들과 경찰에 의해 그녀 생애 최초의 원정 여행은 짧게 끝나버린다.

그녀는 부모를 따라 벨기에 브뤼셀로 이주하여 유년 시절의 대부분을 이곳에서 보낸다. '창공을 무한히 날고 싶은 독수리'로 성장하던 그녀에게 그 기간은 견딜 수 없는 속박이었다. 결국 어디로인가 늘 떠나야 하는 것은 그녀의 숙명이었다. 열여덟 살이 되었을 때 부모 허락도 없이 자전거를 타고 스페인과 프랑스 전역을 떠돌아다녔던 그녀는, 언제나 먼 곳에 눈을 두었고 그곳으로 떠나는 꿈을 키우기 시작했다.

알렉산드라는 소로본느 대학에서 산스크리트어를 공부했다. 그리고 영국으로 건너가서는 한때 무정부주의(Anarchism)에 심취하여 무정부주의 강령에 관한 글을 쓰기도 했을 만큼 드센 면모를 유감없이 보여주었다. 특이하게도 이 강인한 여인이 한때 음악에 몰두하고 오페라 가수로서 무대 공연에 참가했다는 이야기가 무척 흥미롭다. 언제인가 그녀는 우연히 티베트 음악을 들었는데, 이것은 그녀에게 아주 먼 동방세계로의 여행을 꿈꾸는 계기가 되었고, 이를 위하여 동양어를 공부했다.

한편 그녀는 튀니지아 여행에서 프랑스인 철도 엔지니어 필립 닐(Philippe-Neel)을 만난다. 그리고 그와의 결혼에서 '닐'이라는 이름을 얻은 것이 서른네 살 때의 일이었다. 짧은 결혼 생활을 이어가는 동안, 필립은 이 '여행이라는 악마에 사로잡힌 여인'을 도저히 붙들 수 없다는 것을 깨달았고, 그녀를 자유롭게 해줄 수밖에 없겠다고 마음을 고쳐먹었다. 그리고 그녀의 여행에 재정적인 지원자가 되어 구도 여정 내내 도움을 주었다.

애초에 그녀는 길을 떠나면서 필립에게 일 년 반 동안 여행하고 돌아오겠다는 굳은 약속을 남긴다. 그러나 이들이 다시 마주했을 때는 이미 14년이란 세월이 흐른 뒤의 일이었다. 목숨이 다할 때까지 함께하겠노라던 결혼 서약을 어긴 것에 이어, 충실한 남편에게 보여준 두 번째 과오가 되는 셈이었다.

알렉산드라에게 필립은 어떤 의미였을까? 이 역마살이 낀 여인이 험한 여정에서 난관을 이겨낼 수 있도록 항상 격려의 서신을 보내고, 또 돈줄이 되어 주었던 필립은 어디까지나 그녀에게는 훌륭한 친구일 뿐인 자신의 처지를 인식하고 있었다고 한다. 그녀가 티베트인 라마(Lama) 승려 영텐(Yungden)을 양아들로 두고 함께 돌아온 후에 서로 결별하게 되었지만, 두 사람 사이의 오래된 관계는 이후로도 전혀 변함이 없었다. 이 강한 여인도 험한 여정에서 어쩔 수 없이 마주해야 하는 향수나 여린 감회에 빠져들 때면 그때마다 이를 털어 놓기 위하여 필립에게 편지를 썼다고 한다. 두 사람은 서로 다른 세계를 살아가고 있는 처지였지만 그 의식만은 항상 어떤 조화로운 끈에 의하여 이어지고 있었다. 말 그대로 이 생이별을 감내했던 필립은 그녀에게 살아 있는 부처가 아니었을까? 모르긴 해도 그녀에게 가장 훌륭한 보살이었음에는 틀림이 없는 일이다.

알렉산드라의 동방세계 여정은 중국과 한국(그녀가 양아들 영덴을 동반하고 금강산의 한 암자를 순례했다는 기록이 남아 있다)을 거쳐 일본으로 이어진다. 그러다가 우연히 일본의 어느 고승에게서 중국인 승려로 위장하고 티베트의 성지 라싸를 순례할 수 있었다는 이야기를 들은 그녀는 대단한 충격을 받았다. 그녀는 그 기발한 묘안을 흘려듣지 않고 마음속 깊숙이 새긴 채 티베트로 향한다. 당시 라싸는 이국인, 특히 서양 사람들에 대해서는 엄격하게 출입을 금하고 있었을 만큼, 제국주의 열풍이 온통 세계를 뒤흔들던 시절이었다. 그나마 라싸 땅을 밟은 사람이라고는 중국에 맞서 티베트 변경을 지키기 위한 무기를 알선하고, 전보통신 시설공사를 담당하던 영국인 지리학자 찰스 벨 경(Sir Charles Bell)과 몇 사람뿐이었다.

알렉산드라는 중국인 승려로 위장한다. 그녀는 거의 4년 남짓한 세월 동안을 남자로서 살아야 했다. 그리고 충직한 여행의 동반자 영덴과 함께 히말라야 고원의 험로를 거쳐 금지된 성지 라싸에 입성하고 4개월여를 수도할 수 있었다. 이때가 그녀의 나이 55세였고, 1924년의 일이다. 필생의 꿈을 실현한 것이다. 이때 이미 그녀는 며칠 동안을 먹지 않고도 체온을 유지하는, 티베트인 순례자들에게 전래하던 비술(Mind over matter)을 사용할 수 있었다는데, 꽤나 신비한 이야기이다. 이즈음 그녀가 이미 깊은 내공을 가지고 부처님 가까이에 서 있는 불자(Buddhist)가 되어 있음은 당연한 일이었다.

그녀는 말년에 프랑스로 돌아와 디뉴(Digne)에 거처를 마련하고 영덴과 함께 기거한다. 이후 티베트학과 불교에 대한 강의를 했고 많은 글을 남겨, 서방세계에 불교 경전을 전파한 독보적인 인물로 꼽히게 된다. 이미 노년의 한가운데에 있던 (73세가 되는) 1941년은 그녀에게 가장 힘든 해였다고 한다. 무엇보다도 전남편이었고 가장 친한 친구였던 필립의 죽음을 지켜보아야 했던 것이 그녀에게는 가장 큰 슬픔이었다. 그 슬픔을 가슴에 새긴 채 그녀는 다시금 프랑스를 떠나 여행길에 들어선다. 그녀는 필립의 영혼에게 자신이 끝까지 그녀다운 모습을 지킬 수 있도록 변함없이 지켜봐 줄 것을 마음속으로 기원했다고 한다. 십 년 가까운 세월을 인도에서 보낸 후 디뉴로 돌아왔을 때, 그녀의 나이는 82세에 접어들어 있었다.

이즈음 알렉산드라는 자신의 육신에는 이제 구도 여행을 할 수 있는 기운이 거의 소진되어 있다고 느끼고 있었다. 이제 그녀는 실로 마지막이 될 또 다른 긴 여정을 준비하고 있었다. 그녀가 조용히 이 세상을 떠나 또다시 영원한 여행길에 들어선 것은 그녀 나이 101세가 되던 1969년의 일이었다. 그녀는 몇 해 전에 먼저 타계한 영덴의 유해와 함께 한 줌의 재가 되어 생전에 그토록 다시 돌아가고 싶어 하던 갠지스 강의 품 안에 안긴다. 갠지스 강 물살과 함께 또 다른 세상으로 떠난 그녀의 긴 여정은 지금까지도 이어지고 있을 것이다. 아니 어쩌면 그녀의 영혼은 이제 깊은 진실의 피안 저편에 닿아 지극히 편안한 휴식을 얻었을지도 모를 일이다.

무엇이 이 여인으로 하여금 티베트 고원 언저리에서 그토록 오랜 세월을 맴돌고 고난을 몸소 경험하게 만들었을까? 어쩌면 그것은 '영혼의 진실한 의미를 경험해 보아야 한다'는 목소리 때문이었는지 모른다. 그녀는 그 진실함을 서쪽이 아니라 동쪽에서 찾을 수 있을 것이라 여겼다. 그러나 그녀의 깊은 속내는 그녀 자신만이 알고 있을 뿐이다. 아니면 그녀만이 느끼고 있는 것이라고 해야 옳을지도 모른다. 불가에서는 이를 깨달음이라고 했거니와, 알렉산드라는 동쪽 세상에서 그 오묘하고 깊은 의미를 깨달을 수 있었는지에 대해서는 이야기하지 않았다.

고원의 노래

알렉산드라의 여정과 그녀의 아름다운 영혼을 노래한 사임비안(Symbian)의 음악은 무척 시적이다. 음악가는 『No Man's Land』라는 음반에 그녀의 행적과 글들을 그려 넣었다. 그녀의 1938년 유작 『사랑의 마법과 흑색의 마력 *Magie d'amour et magie noir*』의 내용을 인용했고, 아름다운 리듬에 색채를 더하여 연주한다. 티베트 고원의 밤 캠프와 알렉산드라의 감회를 짙은 원색으로 채색하기 위하여 그녀의 눈에 비쳤던 그 현장의 황량한 그림을 그대로 이야기하고 있다. 첫 번째 트랙 서주의 내레이션에서부터 그 뉘앙스가 무척 숙연하다.

멀리 산줄기에 둘러싸인 채, 빛을 발하며 한결같이 푸르른 하늘 아래 드넓은 고원이 펼쳐져 황량하기만 하다.
그 공간에는 생명의 의미가 되어 줄 어떤 새들의 비상도 볼 수 없다. 사람이 있었다는 흔적은 물론 야생동물의 자취조차 찾을 수 없다. 절대적인 정적만이 공간을 압도할 뿐이다. 영혼과 정령들의 마지막 피난처, 나는 이 땅의 맨 꼭대기를 이렇게 목격한다…….

이것은 결국 어떤 저급한 육신의 껍데기도 이곳에 존재하지 못하고 오직 여러 영혼의 진실함과 정령들만의 땅으로 남아 있음을 보았다는 알렉산드라의 깊은 믿음의 의미였다. 티베트인들의 선율과 리듬 그리고 악기를 일부 채용했고, 커다란 음향 속에 그다지 거슬리지 않는 가락으로 이어진다. 낮은 음향으로 깔아 놓은 'Synth pad(스트링 앙상블과 유사한 반주 형태의 전자악기 음향'가 일관되게 티베트 고원의 대단히 장중한 공간을 연출한다. 유목민들이 있는 그림을 그려 넣기 위한 방울소리와 단출한 종소리의 울림이 차갑게 반향한다. 그리고 티베트인 승려들이 품은 고원의 정령에 대한 소망인 듯싶은 의미를 그 청량한 차임벨의 흔들림에서 들을 수 있다. 「No man's land」가 들려주는 절대적인 공간의 비어 있음과 맑은 영혼을 불러일으킬 커다란 기운은 어느새 강한 퍼커션 리듬을 통하여 가슴으로 와 닿는다.

「A soil untouched」 트랙의 인디오 플루트와 종소리에서는 처녀지의 맑은 기운을 연주한다. 「순례자의 행렬 The pilgrim's trail」에서는 티베트의 고원을 스치는 바람소리와 종소리, 그리고 트럼펫 선율에서 순례자들의 발걸음마다에 배어 있을 진실한 영혼에 대한 큰 기원을 그려 넣고 있다. 「Searching for the truth」 트랙에서는 알렉산드라의 의지와 아름다운 꿈을 잉게보르그 데 블렌데(Ingeborg de Blende)의 맑은 음성을 통해 노래한다. 그리고 다시 한번 더 티베트 고원의 광활하고 공허한 의미를 되새기려는 듯 '아무도 범할 수 없는 땅'이라는 후렴구와 함께 알렉산드라의 뜻을 기리는 음악의 끝을 맺는다.

사르바 망갈람

영혼에 닿을 소리를 찾아 끊임없이 구도하는 은둔자, 바스코 마틴스(Vasco Martins)는 알렉산드라의 행적을 흠모하는 또 한 사람의 음악가이다. 그는 포르투갈로부터 독립한 서아프리카 제도 카보 베르데(Islands of Cape Verde)의 한 오지, 쎈트 빈첸테(St. Vincente) 섬에 묻혀 지내는 이 시대의 음향적인 철학자이다.

그가 화려한 스포트라이트를 멀리 등지고 깊숙이 물러서 있는 까닭은 무엇일까? 아마도 화산과 사막, 고래와 파도소리 그리고 바람소리가 들려주는 은밀한 의미에서 자연으로부터의 지혜와 철학을 가까이 한다는, 그 원시적인 힘에서 우주 조화의 깊은 뜻을 터득한다는 음악가의 안목이었을 것이다. 그는 이렇게 바다와 절해의 섬이 지닌 원시성에 배어 있는 기운에서 영적인 경험을 추구한다는 철학을 이곳에서 몸소 실천하고 그 뜻을 구현한다. 음악을 통하여 맑은 영혼의 직관력을 추구하는 생활을 내내 이어가고 있는 것이다.

그는 리스본과 파리에서 고전음악에 관한 공부를 했고, 피아노와 기타 그리고 키보드를 연주했다. 『Danca de Cancert』 외에 여섯 개의 교향곡을 작곡했고, 미니멀리즘 구조를 한 오페라 『Crioulo』에서 포르투갈과 아프리카 혼혈아의 애증을 노래

『Sarva Mangalam』.

했다. 그 외에 현악 4중주 『대지를 위하여 Musique Pour La Terre』가 있는데, 이들은 모두가 영적인 관념에 가까이 다가서는 음악으로 주로 아프리카와 인도에 전래하는 리듬과 가락을 응용한다. 자연

의 에너지와 영감에 동화할 수 있는 선율이 들려주는 감상은 무척 진지하며 대단히 깊이 있고, 커다란 음향으로 은밀한 감성을 흔들어 깨울 반향감이 정갈하다. 특히 전자악기를 통한 연주 내용에는 꽤나 그 깊이를 가늠하기가 수월치 않은 의미를 건네고 있다. (이것은 그의 일관된 연주 형태이다.) 이들 초기의 음악은 주로 순수음악의 범주에 해당하는 것들이었다.

특히 『Apeiron』 음반이 이 음악가의 철학을 가장 뚜렷하게 보여주고 있다. 우주의 근본 원리를 이르는 옛 그리스철학의 언어인데, 우주의 만물은 바로 이 영적인 근원(Original entity)에서부터 소생한다는 수월치 않은 의미이다. 그 근원과 교감키 위한 가장 실질적인 방안으로 바스코는 음악이라는 믿음을 실천하고 있는 것이다. 그래서 선뜻 어떤 장르의 음악으로 구분하기가 결코 용이하지 않다.

그의 교향곡 중에 일곱 번째인 『사르바 망갈람 Sarva Mangalam』은 산스크리트(Sanskrit) 기도문에 대한 음악가의 깊은 이해와 철학을 담아 결코 수월치 않은 메시지를 들려주고 있으나, 그 선율의 울림은 무척 아름답기만 하다. 이 또한 알렉산드라의 이념을 그려 넣기 위한 음악이었고, 여섯 번째 교향곡 『석가모니의 마지막 말씀 The Last Words of Skahyamuni』의 뜻을 이은 작품이었다.

'사르바 망갈람'이라, 무슨 의미일까? 그것은 '모든 생명에 자비를'이라고 풀이된다. 큰 자비를 기원하던 지고한 기도문(Mantra)의 오래된 구절에서 유래하며, 최고의 경지에 다다른

'타자주의(Altruism)'의 사랑이 묻어나는 대단히 아름다운 뜻을 지니고 있다. 이것이 석가에 이르러 '대자대비'라는, 그 크기를 가늠할 수 없을 만큼 실로 위대한 철학으로 이어졌을 터였다.

'사르바 망갈람'은 알렉산드라가 라싸 순례길에서 어려움과 마주했을 때마다 '옴마니 반메 옴(Obmani banme om)'과 더불어 자주 암송하던 문구였다는데, 그 내용과 자신의 의지를 후에 그녀의 저서에서 다시 자세히 풀이해 놓았다. 바스코 마틴스는 그녀의 글에서 영감을 얻어 음악을 작곡했고, 대단히 차분하고 장중한 음향으로 그 지고한 철학을 노래한다.

음악은 모두 여섯 악절로 구분하여 연주된다. 이 지고한 철학으로 깊은 경지의 영혼을 실현하기 위해서는 각 방향마다의 기운이 균형을 유지할 수 있어야 한다는 신비스러운 이론이 뒷받침되며, 그래서 동서남북, 그리고 하늘과 땅으로 나누어 여섯 방위에 대한 기운의 의미를 연주한다.

처음 트랙에서는 북쪽 방향의 기원을 연주한다. 깊이 있는 'Synth pad'의 낮고 완만한 배경 위에 넓은 음폭을 가진 대나무 플루트가 그 오묘한 선율에서부터 서주를 그려 넣었다. 수월치 않은 인도인들의 옛 철학 속으로 몰입할 것 같은 선율이 이어진다. 남쪽을 연주한 선율은 조금 더 밝은 분위기의 색감이다. 그 감상은 북쪽에 비하여 높게 위치한다. 얇은 음폭의 플루트가 조금 더 밝은 선율을 리드하고 있다.

이어서 하늘이 있는 방향을 노래한다. 아마 이 부분은 천상에 대한 기원이 아니었을까 여겨진다. 산스크리트 경전의 깊은 의미를 이해하지 못하는 소치로, 아주 단순하게 천상의 맑은 공간을 기원한다는 뜻으로 와 닿는다고 할 수밖에. 넓고 섬세한 대나무 플루트의 음색이 천상의 색채를 신비롭게 풀어 놓았다.

이 아름답고 장중한 울림으로 이어지는 음악에 담긴 메시지가 무척 궁금하다. 무슨 의미일까? 몽매한 의식은 그 도량을 헤아릴 수가 없다. 그 호흡과 리듬에 가까이 와 닿는 아름다운 감상을 느끼는 것으로 만족할 수밖에 없는 일이다.

그리고 그 어줍지 않은 호기심은 다시금 언젠가 마곡사의 한 스님이 범종에 대하여 들려주던 이야기로 비약한다. 큰 종을 쳐 산과 나무를 깨우고, 작은 종을 쳐 산짐승들을 깨우며, 다시금 목어를 쳐 개울가의 물고기들을 깨운다는 이야기였는데, 이것이 바로 그 지고한 사랑을 실천하던 '사르바 망갈람'의 옛 철학과 이어지는 이치가 아닐까?

알렉산드라 데이비드-닐, 그녀는 괴나리봇짐을 지고 내내 동쪽으로 절뚝거리며 길을 떠났다. 대자대비한 사랑의 의미와 진실한 영혼을 확인하기 위해서였으리라. 그녀는 어쩌면 실로 그 깨달음에 닿아 삶의 의미를 터득한 행복한 여인이었을지 모른다.

유아적인 판타지

　작금의 현실은 과거에 비하여 물질적이다. 도식화된 틀을 강요당하며, 디지털화된 사고방식에 적응하여야 하는 것은 이제 당연한 일이 되어버렸다. 그러나 아이러니하게도 인간의 심성은 그럴수록 일상 환경의 각박함과 꼭 같은 크기만큼을 신비로운 환상을 통하여 보상받고자 한다. 본시 인간은 생태적인 본성을 타고 났다는 뜻이다. 그래서 톨킨(Tolkien)의 환상 드라마 혹은 『해리 포터』에 많은 사람들이 심취하고 있는지 모른다. 뉴에이지 음악 현상 역시 이와 같은 맥락에서 이해하게 된다. 뉴에이지 음악은 현실(Actuality)과 상반되는 가상현실(Virtuality)에 대한 환상을 지향하고 있다. 마치 현실을 비추어 보는 거울과 같은 이미지이다. 그리고 그 환상으로 향하는 문은 다분히 유아적인 발상에서 출발한다.

루시의 다이아몬드

비틀즈의 다소 거친 목소리가 한 시대를 풍미한 지도 이제 반세기가 지났다. 이들이 들려주었던 하모니에 대해서는 어떤 의미를 둘 수 있을까? 그들의 단순한 선율에는 이따금 결코 화려하지 않은 소박한 향기가 배어 있었다. 유아적인 환상이 함께하곤 했지만, 항상 상투적인 틀을 벗어나는 것이었고 과장되지 않은 진솔함이 있었다. 오랫동안 많은 사람들의 입에 그 가락의 한 조각이 배어 있게끔 만드는 원인은 이런 것이었다. 그 선율이 순진할수록 더욱 많은 사람들이 동감하게 되는 속성이 돋보이는 경우가 아닐까?

비틀즈의 음악에는 늘 어떤 그림들이 그려져 있었다. 그들의 천성처럼, 그들의 음악도 어린아이들의 의식과 같은 순진무구한 그림들이었다. 노란색 잠수함(「Yellow submarine」)이 있었고, 마술에 대한 환상(「Magical mystery tour」)과, 하늘에 떠 있는 아이와 보석(「Lucy in the sky with diamond」)이 담긴 그림이 있었다.

존 레넌은 어느 날 어린 아들 줄리안의 그림에 우연히 시선이 닿았고, 그 의미에 대하여 부자간에 흥미 있는 대화가 이어진다. 까만 색 배경 속에 한 여자 아이가 있고, 손에는 반짝이는 무엇을 들고 있는 모습이었다. 자기 반 친구 루시가 보석을 들고 하늘에 떠 있다는 이야기인데, 이 줄리안의 그림이 주제가 되어 1963년 「Lucy in the sky with diamond」가 불려져 『Sergent Pepper's』음반에 담긴다. 역시 어린이의 꿈과 같은 아름다운 색채의 이미지가 함께하는 음악이다:

흐르는 강물에 떠 있는 작은 배 위에 당신 자신을 그려봐요.
탱자나무가 있고 마멀레이드 빛 하늘이 있어요.
누군가 당신을 부릅니다. 당신은 천천히 대답하죠.
만화경 같은 눈을 가진 소녀가 거기 있습니다.

다이아몬드를 들고 하늘에 떠 있는 루시랍니다.
다이아몬드를 들고 하늘에 떠 있는 루시랍니다.

이 곡은 다분히 현실과 거리를 둔 환상 비슷한 무엇을 노래한 듯 보인다. 이 곡을 보는 시각 또한 크게 상반되어 나타난다. 퇴행적인 히피들의 주제를 표현했다는 평은 미국 쪽 반응이었고, 이제 그들의 음악도 깊이 있고 진지한 뜻을 두기 시작했다는 좋은 이야기는 주로 영국 쪽에서 회자된다.

이 곡의 이니셜을 굳이 'LSD'라는 의미와 연결시켰던 것도 주로 미국에서의 일이었다. 당시 사회적인 문제로 대두되는 마약과 관련한 비틀즈들의 평소 소행을 들어, 이것이 불손한 암시를 담고 있으며, 누군가 마약에 취하여 그려냈음 직한 이미지라는 것이다. 몇 해 후 어느 짓궂은 한 록커가 다이아몬드

대신 콘돔으로 바꾸어 패러디한 일이 있었는데, 좀 심한 장난이었다. 아주 단순하게 존과 신씨아(Cynthia) 사이의 어린 아들 줄리안이 화폭에 그려 넣은, 맑은 동심의 아름다운 이미지라는 해석이 타당하다는 게 대세였지만, 미국 사람들의 시선은 그다지 관대하지 않았다.

제 눈에 안경이라던가. 사람마다 그 의미를 편하게 그려낸다. 미국인들 역시 비틀즈의 음악에 환호했으나 그들의 거침없는 행태에 대해서는 영국인들에 비하여 매우 비판적인 쪽으로 기울어 있었다. 후에 '우리가 예수님보다 더 유명하다'는 존의 사려 깊지 못한 언사가 적지 않은 물의를 일으켰을 때에도 바다를 사이에 둔 양쪽의 상반된 반응은 비슷한 양상이었다. 「I saw her standing there」의 서주에서, 드럼 스틱 마주치는 소리와 함께 폴이 '원 투 쓰리 포'하고 카운트 소리를 녹음했을 때에도 유독 미국인들은 이를 '원 투 쓰리 픽(Fuck)'이라고 들었다. 그랬을 만큼 미국인들에게 비틀즈는 '브리티쉬 인베이더(British invader)'에 해당했다.

이 문제의 음악에는 샤갈(Marc Chagall)의 그림들이 자꾸만 겹쳐진다. 다이아몬드를 들고 하늘에 떠 있는 루시, 그것은 샤갈의 화폭 중의 한 부분이 아니었을까. 아름다운 하늘을 배경에 두고 항상 눈매가 선한 염소와 바이올린들, 그리고 거꾸로 서 있는 집들, 모든 것들이 각각 제 있어야 할 자리에 있어야 한다는 고정관념을 뛰어넘는 화폭이 그것이다. 그리고 환상처럼 짙은 파란 색조와 적색의 대비 속에 항상 행복한 얼굴을

한 신부와 신랑들의 사랑스러움이 아름다운 그림…….

어린 왕자의 환상 여행

『어린 왕자』가 탄생한 지도 꽤 오랜 세월이 흘렀다. 그리고 그 어린 왕자의 나이 또한 이제 칠순을 훨씬 넘겼을 터인데, 혹 하루에 마흔세 번씩이나 해지는 것을 볼 수 있는 소행성의 시간 개념이라면, 그의 진짜 나이를 계산할라치면 상대성 이론 함수를 적용해야 될지도 모를 일이다. 하여간 어린 왕자도 어른이 될 수밖에 없다는 사실을 생텍쥐페리는 간과하지 않았을 터였다. 무릇 아름다운 이야기는 오히려 난세에 모습을 드러내는 속성이 있는 것일까? 전쟁이라는 참화 속에 인간성이 파괴되어버릴 듯 보이던 암울한 시기에 많은 사람들에게 위안이 되었을 아주 선한 이야기이다.

리하르 꼭시앙뜨(Richard Cocciante)는 이 이야기를 뮤지컬이라는 형식을 빌려 현재의 시각에서 다시금 각색하였다. 무대 또한 옛 감상에 새로운 색감을 더했고, 카지노 드 파리(Casino de Paris) 극장에서 2002년 10월부터 공연에 들어갔다. 이곳은 원작이 발표될 즈음에는 카지노로 쓰이던 곳이다. 도박이란 게 무릇 그렇듯 숫자놀음이었고, 어린 왕자는 분명히 이를 두고 어른들의 이상한 행태라고 혐오했을 터인데, 그런 성깔 있고 조숙했던 어린 왕자가 좋아할는지 의심스럽기도 하다. 어린 왕자가 나이 들어 취향이 바뀌지 않았다면 충분히 문제의 소지가 있는 장소이다.

애초에 작가 생텍쥐페리 탄생 백주년을 기념하여 2000년에 공연할 수 있도록 계획했으나 그 제작 과정에 차질이 있어 지연되었다.

음악은 어린 왕자와 비행사, 그리고 지구라는 별에 닿기 전에 거

『Le Petit Prince』.

치는 소행성의 이미지들을 밝게 조명한다. 내레이션과 대화가 음악에 담겨 원작의 아름다운 그림들을 충실하게 풀어 놓았다. 꼭시앙뜨의 음악은 여행이라는 태두리 안에서 이야기를 전개하였고 그 교훈을 다시 한번 되새기게 한다.

어린 왕자 역시 홀연히 자신의 별을 떠나기엔 이미 연을 만들어 놓은 장미꽃이란 끈을 어쩔 수가 없었을 것이다. 가장 변화무쌍한 것, 영속성이 없고 단명한 것 중에, 흔히 감정을 꼽는 이유가 바로 이런 것인지도 모를 일이다. 언제나 그 단명한 감상들이 사람을 한 곳에 머무르지 못하게 만든다. 그리고 그 단명한 감상들은 이따금 화를 부르기도 했을 터였다.

이런 어린 왕자의 여행에 대한 아름다운 감상은 혼란스러운 시대를 경험한 작가의 허무한 안목으로 채색되었다. 꼭시앙뜨가 뮤지컬의 바닥에 낮게 깔아 놓은 전반적인 색채는 원작의 아름다운 이미지를 충분히 재현하면서도, 그것을 현재

시대라는 또 다른 관점에서 볼 수 있게 했다. 다시 말해 그의 뮤지컬은 어린 왕자의 아름다운 이야기를 음악 언어에 의하여 무대라는 공간에서 다시 채색한 작품이다. 그리고 그것은 다시 어린 왕자가 음악과 만나는 공간을 마련해 주었다.

미녀와 야수

'미녀와 야수'의 이야기에 장 꼭도의 회화적인 감각을 가득 불어넣어 창작한 대본이 더해지더니 이내 영상예술로 거듭난다. 이 꼭도의 작품은 동화 이야기를 뛰어넘을 지고한 사랑의 시였을 뿐만 아니라, 나아가 신화로 승화시켰다는 찬사를 받았을 만큼 걸작으로 꼽히던 1946년 작 흑백영화이다. 그리고 그 꼭도가 그려 넣은 이미지를 필립 글라스(Philip Glass)가 반세기 후에 음악으로 다시 채색했는데, 그는 오래전부터 옛 드라마의 감동을 음향으로 재현해 보고 싶어 했고, 이 작품을 통해서 비로소 무대와 영상과 음악이 함께하는 예술이념을 구현하고 있다.

장 꼭도의 정체성은 무엇이라고 해야 옳을까? 시인, 극작가, 영화제작자, 화가? 시쳇말로 멀티-아티스트라고 하기에는 이 어휘가 사용되는 시차가 너무 큰 게 아닌가 싶다. 혹자는 그를 일컬어 '딜레탕트(dilettante)'라고 이야기한다. 다방면에 재주가 있는 만큼 아무 데서도 크게 두각을 보이지 못하는 애호가 정도라면 꽤나 냉소적인 표현이다.

『La Belle et la Bete』.

　그러나 예술 장르 간 서로 겹치는 면적이 점점 커지고 종합
예술을 지향한다는 작금에 이르러 그에 대한 평가는 사뭇 달
라지고 있다. 다양한 예술 장르가 서로 연결고리를 유지하게
되는 양상을 예견이라도 했던 것일까? 아무튼 전성기의 그를
중심으로 파리의 예술가들은 다양한 장르에 거쳐 접점을 유지
했었다. 이는 꽤나 앞서가는 활동 내용이었다. 특히 『파라드』
를 위하여 피카소와 사티 그리고 디아길레프가 머리를 맞대고
예술을 논했을 터였다.

　그런 장 꼭도의 예술 편력을 시종 존경해 마지않았던 사람
이 필립 글라스이다. 그는 20세기 후반 현대음악에 가장 진보
적인 영향을 끼친 음악가 중에 한 사람이었을 터인데, 서양음
악에 동방선율을 도입하고 미니멀리즘에 관한 개념과 함께 엠
비언트 음악의 규범적인 모습을 보여주었던 것 등 어디로 보

나 그는 현대음악의 새로운 틀을 디자인했던 대단히 중요한 인물이다.

글라스는 순수한 미니멀리즘 음악에 관한 자신의 구상을 구현하기 위하여 필립 글라스 앙상블(The Philip Glass Ensemble)을 조직하고 범상치 않은 음악을 연주한다. 애초에는 키보드와 보컬을 두었고 윈드 악기가 주종을 이루는 일곱 명으로 그룹을 이루었다. 린다 론스타트(Linda Ronstadt)가 글라스의 음악 중 많은 부분에서 보컬을 담당하여 소프라노 음역의 유별난 감흥을 잔뜩 고조시키곤 했다. 1971년에 첫 음반 『Music with Changing Parts』를 녹음·제작하였지만 반응은 시큰둥한 것이었다. 그 때까지만 해도 이 새로운 모양새를 한 음악을 일반적으로 이해할 수 있으리라고 기대하는 것은 시기상조였을 것이다.

그의 『미녀와 야수 La Belle et la Bete』는 꼭도의 영상과 대사를 그대로 오페라의 양식으로 옮겨 놓아 동 시간대의 재현이 가능하도록 구성하고, 꼭도의 문장을 훼손하지 않으려 노력한 작품으로 유명하다. 꼭도의 예술에 대한 자신의 사랑을 글라스는 그렇게 보여주었던 것이다. 영화의 컷 순서에 따라 「서곡」에서부터 「아버지의 여행」 「야수의 성에 간 미녀」로 이어지고, 「미녀에 대한 야수의 신뢰」와 마지막 「야수의 변형」에 이르러 극적인 피날레를 장식한다.

선입견과는 다르게 아주 결이 고른 음악으로 거듭났고, '필립 글라스 앙상블'의 간결하고 아름다운 사운드 역시 드라마의 감동을 놓치지 않았다는 게 그 감상이다. 장 꼭도의 명작으로 하여금 반세기라는 시간대를 건너뛰게 만들어 놓은 음악가의 솜씨라고 해야 할까?

최근 들어 음악이 영상 혹은 미술과 만나는 현장을 보여준 몇몇 국내 공연 무대가 있었다. 고드프리 레지오(Godfrey Reggio)의 영상 위에 필립 글라스 앙상블이 음악을 겹쳐 놓았던 『코야니스카시 Koyaanisqatsi』와 『포와카시 Powaqqatsi』가 그 것이었다. 그리고 레이첼스(Rachel's)가 19세기 말 오스트리아에서 태어나 20세기 초기를 목격하고 요절한 화가, 에곤 쉴레(Egon Schiele)가 그렸던 화폭의 이미지를 연주한 『Music For Egon Schiele』의 독특한 사운드 또한 국내에 선보인 바 있었다. 음악회를 마치고 공연장을 빠져나가는 관중들의 표정은 사뭇 착잡하기만 하다. 일방적인 감동을 강요하는 음악회의 통념에 비하여 많은 이야기들을 만들어낼 만큼, 연주자와 관객 간에 양방향의 극히 자유로운 대화의 장을 만들어 놓고 있는 무대였을 터인데, 그런 형태의 음악에 또한 익숙해질 수 있으리라고 생각하는 사람은 그리 많지 않은 듯하다. 표현주의? 미니멀리즘? 어쩌란 말인가. 전문가연하는 사람들의 현학적인 해설이나 평가는 더욱더 이 새로운 예술들을 난해한 미궁 속으로 빠져들게 만든다. 때로는 그들만의 영역인 듯싶은 인상을 건네기도 한다. 그래서 어렵다는 선입견을 심어주는 데 힘을 보탠다.

아무튼 필립 글라스의 『미녀와 야수』, 그것은 현대음악 중에 새로운 오페라 형식으로, 하나의 중요한 시금석이 되기에 모자라지 않은 작품이 아닐는지……

아우토반

흔히 미니멀리즘에 대하여 쉽게 이야기하는데, 전통적으로 가장 중요한 음악 요소로 꼽혔던 멜로디나 장식음을 과감하게 평가 절하했던 그 속사정이 궁금하다. 이 역시 회화기법에서 유래하는데, 과거 1910년대 프랑스 화단의 기하학적인 묘사방법을 실현한 입체파 화가들의 관념에서 출발하였고, 음악에서도 단순한 구도의 음향에 의한 표현방법을 응용하는 동기가되었다고 한다.

추상적인 구도를 주장하는 1950년대 표현주의(Expressionism)의 묘사방법에 대해 상반된 견해를 보이던 젊은 화가들은 화폭의 색상이나 선 그리고 형태를 아주 기본적인 요소만으로 형상화하여 단순화시키려 했다. 전체 구조에서 어떤 부분은 필요에 따라 생략하는 방식을 택하여 선명한 윤곽으로 표현되는 것이 미니멀리즘이다. 이 철학은 싫든 좋든 현대음악에서 매우 중요한 큰 줄기를 이루어 이어지고 있는 실정이다.

미니멀리즘 형식에서 파생되는 음악양식이 있을 법하다. 독일계 그룹 크라프트베르크와, 브라이언 이노(Brian Eno)의 1970년대 음악에서부터 새로운 패턴을 현저하게 이어가기 시작했는데, 그 내용을 짚어볼 필요가 있다. 이 둘은 각각 두 갈래의 상반된, 매우 중요한 음악 영역을 제시하고 있다. 크라프트베르크의 『아우토반 Autobahn』은 애초에 단순한 전자기기의 발진음을 아이디어로 한 것이었다. 그리고 그 음향의 크기나 멜로디 전개 내용에서부터 장식음은 배제되어 있었고, 획일화된 리듬을 응용하는 형식이었다. 이것은 현재 클럽 하우스의 테크노 댄스 음악의 규범으로 자리잡고 있다. 한편 브라이언 이노의 『Music for Airports』 시리즈 음반에서 듣는 벨소리나 음성을 응용한 아주 단순하고 느린 선율의 반복됨은 이따금 귓전을 스칠 때 그 느낌이 매우 안정되고 편안하다. 공간과 감성을 소유하는 주체 사이의 균형 있는 조화에 착안한 엠비언트 음악의 효시라는 평가를 받고 있는 작품이다.

결국 미니멀리즘의 이념은 젊은 세대들에게 다가가, 대단히 역동적인 율동이 함께하는 트랜스(Trance) 계열의 음악으로 발전했다. 그리고 한편에서는 환경과 생태 친화적인 리듬을 구현하는 엠비언트 음악 영역에 이르는 중요한 방안이 된다.

우주 그리고 신의 섭리

뉴에이지 음악의 현실 탈출에 대한 판타지는 우선 깊은 속 내에서 작고 다감한 정서를 노래하는 것으로부터 출발한다. 이는 대단히 내향적인 사운드로 표현되는데, 많은 피아니스트들이 이와 같은 감상을 작고 소담스러운 음향으로 아름답게 연주하곤 했다. 그리고 시선이 닿는 주변 환경과 자연의 아름다운 이미지를 연주하였던 게 다음 단계이다. 전자악기의 청량한 음색이 그런 경관을 스케치한다. 그 이미지는 꽤나 시각적이다. 어쩌면 햇빛을 가득 담아 그려 넣은 인상주의 회화 속의 자연 경관을 앞에 두고 있는 그림마저 연상케 한다. 그러나 그 환상은 이내 보다 넓고 큰 공간으로 비약해서, 우주에 만연해 있을 기운이나 신의 섭리를 대단히 웅장한 사운드를 동원하여 묘사한다. 그래서 이 음악 속에는 그 광활한 공간으로부터의 두려움이나 경외감 같은 이미지를 극적으로 묘사하고 있다.

이제 하늘을 보자

그리스의 옛사람들은 하늘을 항상 신의 영역으로 남겨 두고 있었다. 하지만 이따금 그 하늘을 곁눈질로 넘보곤 했던 것도 사실이다. 인간이 하늘을 나는 것은 극히 외람된 일일 수밖에 없다는 사고 뒤에서, 그들은 언제나 신들이 모르는 사이에 아름다운 환상으로 그 꿈을 키워가고 있었다. 어쩌면 챌린저 우주 왕복선의 참화가 그 불안하던 오래된 환상의 대가이자, 파에톤이 몰던 태양 마차의 교훈에 해당하는 것이 아니었을는지.

일찍이 홀스트(G. Holst)가 교향 모음곡 『행성 Planets』에서 우주에 대한 아름다운 환상을 노래한 바 있고, 사임비안(Symbian)도 늘 긴박하게 흐르고 있는 현실을 잠시 접어두고 하늘을 올려다보자고 말한다. 거기에 떠 있을 구름 위에 꿈을 실어보라는 이야기이다. 1955년 『Skywatcher』음반에서 그 현실 탈출의 출구를 열어놓고 있는데, 그 맨 처음 트랙에서 디베커(De Backer)의 신시사이저 키보드와 아베일(Van Den Abeele)의 색소폰 앙상블이 하늘을 올려다볼 의지와 용기를 들려주는 「The art of skywatching」이란 타이틀을 연주했다. 넓은 공간을 느낄 수 있는 큰 음향이 시원스럽다. 소위 '일렉트로 어쿠스틱' 사운드의 독특한 색감이 그 공간을 가득 채색한다. 두 번째 「Night awakes」 트랙의 재즈 가락에는 우주로 이어질 밤의 정기가 넘쳐흐를 듯하다. 이 음반에서 가장 반들거리는 아름다움은 「The ultimate challenge」 트랙에서 들을 수 있다. 이제 우주선을 타서 구름층을 뚫고 하늘 높이 솟아오르는 아주 커다란 도전을 몸소 경험할 수 있다. 부푼 희망과 함께 힘찬 여행이 시작되고 궤도에 진입한 비행사가 큰 시야에 펼쳐지는 전경을 창조주에 대한 경외감과 함께 내려다본다. 역시 가상현실일 수밖에 없는 일이지만, 그나마 음악을 통하여 이 경이로운 그림 속 여행을 경험하게 해준다. 결이 고운 스트링 오케스트라 사운드를 배경에 깔아 놓았고 전자하프가 아름다운 멜로디를 노래하여 넓은 우주 공간을 반향케 한다. 그리고 여기에는 피난처가 있어야 했을 것이고, 그 이미지를 담은 「Hiding places」에서 펑키 리듬을 곁들인 아베일의 색소폰 연주가 함께한다. 또, 반젤리스의 『The City』 앨범의 「Good to see you」를 그대로 다시 연주했다. 우주 도시나 우주 마을을 연상케 하는 그림인데, 현대음악의 큰 음향과 회화적인 감상을 가득 전하는 뉴에이지 장르의 훌륭한 음악이다. 관념적인 그림 속에 유사 이래의 소담스러운 꿈을 가득 담았다.

　기능성이나 상업성이 가미되어 있는 음악이란 뜻에서 순수음악에 관한 뉘앙스에 해당할 현대음악의 의미를 살짝 비켜가는 것이 뉴에이지 음악의 모습인데, 그 새로운 양상을 사임비안의 음악에서 현저하게 들여다볼 수 있다. 아마 머지않은 미래에 이 두 개념은 그 구분의 의미를 잃게 될 것이라고 감히

예감해 본다.

커다란 조직이나 체제의 이념 속에 뭉개지기 십상인 사람이라는 작은 객체의 가치를 우선시하는 사상을 인본주의 이념이라고 하던가. 그 작은 객체를 구속하는 것은 정치 형태

『Skywatcher』.

일 수도 있고 극단주의 종교이념일 수도 있겠다. 커다란 체제가 전횡할 때는 언제나 그럴듯한 구실과 명분이 오히려 화려하다. 아무도 그 작은 단위가 얻은 상처를 눈여겨봐 주지 않는다. 이 점에 착안하고 작은 단위 속에 개개인의 감상으로 다가서는 선율이 일반적인 흐름이 되어 이어진다. 이 뉴에이지라 불리는 선율들이 바로 하늘과 우주 공간 그리고 또 다른 이상향인 천국에 시선을 두고 있는, 작은 단위의 정서에서 우선 그 의미를 찾는 현대음악 현상이다.

쌍툼 쌍투오룸

가우디 구조물의 선과 색상으로 신의 모습을 그리려 했던 당찬 여인이 콘스탄스 덤비였다. 이 땅에 낙원의 소리를 전하려 했고, 크고 광대한 우주에서 신의 섭리와 경외감을 늘 노래했

『Sanctum Sanctuorum』.

다. 그 관념의 크기만큼 또한 커다란 공간을 흔들어 깨울 창조주의 음성을 구현코자 꿈꾸었던 음악가였는가 하면, 경이로운 공간을 천사의 합창으로 가득 채울 수 있기를 바라던 인물이다. 콘스탄스 덤비는 그 드넓은 공간을 가득 채울 음향을 창조하기 위해 고안된 악기의 독특한 선율을 통하여 종래의 관념을 뛰어넘는다. 원래 조각을 전공했던 이 여인은 철판을 다룰 때마다 들었던 금속성의 천둥과 같은 굉음에서 새로운 차원의 깊은 반향음을 느끼게 되었고, 이를 자신의 음악에 응용하게 된다. 그녀는 웨일 세일(Whale Sail)과 스페이스 베이스(Space Bass)라는 악기를 직접 만들었고, 이 악기에 의해 자신이 구상하는 웅장한 사운드를 실현한다.

사그라다 파밀리아, 천상의 성전이 콘스탄스 덤비의 음악과 마주보고 반향한다. 이 성소의 거룩한 이미지는 『쌍튬 쌍투오룸 Sanctum Sanctuorum』이란 음반에 그려져 있다. 먼저 「할렐루야」에서 스트링 오케스트라의 대단히 웅장한 반향음이 우주에 만연한 하나님의 전능하신 섭리를 채색했고, 그 속에 맑은 목소리를 가진 어린 소년의 「송가 Chant」에서 사람들의 작은 마음속에 충만한 은총을 기린다. 그리고 그 마음에 이내 작은 우주로 통하는 문을 열어 놓는다. 유대교 전통을 이은 기도의 히브리어 후렴구를 동방의 전통 교회에서 성가에 사용한다는 이야기이다. 이 음악의 보컬과 스트링 오케스트라 하모니의 울림에 배어 있는 경건한 기도는 어느 때이건 아주 높은 우주에 꼭 당도할 것이라는 감회로 마음을 움직인다.

이어서 「키리에 엘에이손」의 후렴구는 광대한 음향의 배경과 함께 '주여 우리를 불쌍히 여기소서' 하는 간절한 기원이 되어 경이로운 성전에 당도한다. 원래 이 타이틀은 미사가 시작되기 전에 그리스도를 환호하는 신도들의 목소리였고 주로 동방의 교회에서 그리스어로 불려졌다. 그러다 로마로 전파되어 후렴구만 불려졌는데, 이를 보면 그 어휘 자체가 건네는 주술적인 뉘앙스 또한 가볍지가 않다. 소프라노 음역의 옛 동방 교회의 자비송이 여기서는 아름다운 메아리가 되어 번지고, 마치 오디오가 있는 공간이 바로 하나님의 성전인 듯한 착각에 빠진다. 대영광송 「글로리아」가 거룩한 울림으로 마음 가득 영감을 불러일으키면서 이 음반의 극적인 정점을 장식하고, 좌우상하 도처를 경이로운 은총으로 만연하게 할 음악의 대미를 장식한다.

콘스탄스 덤비의 음악, 그것은 현존하는 바흐의 이념이었다. 바로크 시대 그 경건한 음악가가 사람들 마음과 교회 안에 창조주의 은총을 가득 전했던 것처럼 덤비의 이념은 이제 그 뜻을 보다 넓고 크게 광활한 우주의 언어로 전파하고 있는 것이다. 그녀의 음악을 두고 'Neo-Classical'이라고 부르기도 한다.

하늘과 땅 그리고 명상

맑은 공간이 손끝에 닿을 듯하다. 그 공간은 어떤 소리의 울림으로 해서 존재하는 이유였다. 곧게 이어지는 기다란 직선을 따라 또박 또박 떨어지는 파란색 회한들이 염주 구슬이 되어 꿰어진다. 실로 조급하여 모자라지 않고 수다스러워 과하지 않은, 그런 대단히 단아한 가야금 선율들을 엮어 마련해 놓은 공간이다. 한 올 한 올 땋아 엮은 명주실의 울림과 그 여운 속에 드러나는 판타지인 것이다.

오랫동안 가야금 연주와 함께 생을 이어온 마에스트로 김정자의 손끝에 묻어나는 「영산회상」의 환상이 이러해서, 깊은 감회가 지극히 맑은 선율 속에 흠씬 배어 있다. 우리의 전통 기악 연주 형태 중에 '정악'에 해당하는 가야금소리이다. 단아한 마음가짐을 한 선비들로 하여금 가지런하게 지성을 가다듬고 보다 맑은 직관력을 가지게끔 도와주었을 선율이다.

그 소리에는 아주 파란색의 기가 서려 있다. 깊은 곳에서 의미를 잃고 침잠해 있던 정령을 흔들어 깨우고, 마음속의 작은 심금이 더불어 공명하다가는 이내 넓은 우주 속을 반향한다. 육신은 그 우주 안에 소실된 채 영혼만이 가없는 창공을 활공한다. 그 회한은 반향음이 되어 넓게 흩어지다가는 다시금 긴 여운 속으로 소멸하는데, 그리고 나면 그곳엔 대단히 청명한 여백이 자리한다. 여백이 있어서 더욱 아름다운 소리였다. 하늘을 담았을까, 땅을 그렸을까. 어쩌면 불가의 선한 철학이 배어 있을 법하다는 감상이 들기도 한다.

그 단아한 선율은 외려 안타깝기까지 하다. 지극히 귀족적인 소리일 수밖에 없었으니 더욱 그렇다. 결코 쌀뒤주 바닥 긁는 소리가 있던 여염집에서 들었던 소리는 아니었을 것이다. 그러나 사대부였다고 모두에게 닿을 만한 소리 또한 아니었다. 절제와 균형의 도량을 터득한 인품이어야 그 소리를 가까이할 수 있었을 터였다. 실로 안목이 있는 옛사람들의 몫이었겠고, 우리의 엘리트 문화의 향기가 바로 이런 것이었다.

이것은 우리 혈류 속에 잠자고 있던 대단히 근원적인 감성에 가까이 다가서는 가락이었다. 동방의 정갈한 가락이었고 아주 먼 태고의 소리가 이러하다는 이야기이다. 하늘과 땅과 우주의 소리가 이런 것이 아니었을는지······

많은 음악가들이 동쪽으로 여행을 떠났었다. 일찍이 올리비에 메시앙이 자연 속의 신비함을 동양사상에서 찾았고, 전위주의자 칼 하인즈 스톡하우젠은 산스크리트 경전에서 각별한 의미를 눈여겨보았다. 특히 근간에 뉴에이지 영역의 가락을 연주하는 아티스트들이 그러했다. 간결한 선율을 연주하던 필립 글라스가 그랬고, 도이터 역시 봇짐을 싸고 동방으로의 먼 여행길에 오른 일이 있었다. 소위 엠비언트 계열의 선율을 연주하는 브라이언 이노가 그 동방음악 순례 대열에 참가했었는가 하면, 심지어 비틀즈의 조지 해리슨이 또 주저하지 않고 여기에 한몫 거들었었다. 이를 두고 현대음악의 '오리엔트 러쉬'라고 해도 무방하지 않을까 한다.

한편 어떤 이들은 그 동방에서 깊은 의미를 접했던 사람들의 행적을 노래하곤 했다. 아마 그 대상이 되는 인물들 중에는 알렉산드라 데이비드-닐이 있었겠고, 제임스 레드필드(James Redfield)의 동방철학에 관한 이념도 있었다. 그렇다면 이들은 왜 동방으로 떠났고, 과연 그 험한 여행에서 얻은 게 무엇이었을까? 아마도 그것은 서쪽 어디에서도 영혼에 닿을 소리를 듣지 못했다는 이야기인지도 모른다. 그들은 전통음악이 육신의 도락에 치우쳐 있는 한계를 경험했을 것이고, 따라서 영적인 대화가 이어질 소리의 파장을 동방에서 찾아야 하는 것이 현대음악의 중요한 관념이었을 것이다.

우리의 가락은 단 한 번도 다른 종족의 선율과 섞임을 경험해 보지 못한 너무도 순수한 것이다. 너무 순수해서 우리만 들어야 하는 것이 못내 아쉽다. 언젠가 훌륭한 월드뮤직(World Music)이란 날개를 달고 지구촌 사람들과 함께 듣는 소리가 되기를 기대해 본다. 그러기 위해서 먼저 다른 부류와의 섞임에 두려움이 없어야 하겠다.

소멸을 위한 음악

사티와 메시앙은 지금도 무수한 추종자들을 거느리고 있다. 예를 들어 라파엘(Raphael)의 『소멸을 위한 음악 Music to disappear in』에서 인상주의 화가의 이미지보다 강한 사티의 색채를 보게 된다. 느리고 간결한 피아노 선율과 코랄, 그리고

『Music to disappear in』.

그 배경을 수놓은 스트링 앙상블의 신시사이저 사운드의 화음 속에 모든 상념들은 점점 작아지다가는 이내 작게 소멸한다.

이 음반의 맨 처음 곡 「Disappearing into you」에서는 실로 모든 아픔과 번뇌를 거두어 줄 만큼의 포용력이 있는 누군가의 품 안으로 사라질 수 있을 선율이 흐른다. 음악에 의하여 이처럼 편안한 감상에 닿고 마음을 풀어 놓을 수 있는 경우도 그리 흔치 않다는 생각이다. 이어서 포레(G. Faure)의 곡 「In Paradiso」가 연주된다. 혼성 코랄과 스트링 앙상블의 신시사이저 화음이 신비스러운 정경 속으로 듣는 이를 인도하여 아름다운 낙원의 환상 속을 배회하게 한다. 다시 스트링 사운드의 완만하고 조용한 울림 속에 깊고 긴 호흡과 리듬을 유도하는 명상 선율을 들려주는 것이 「Resurrection」 트랙이다. 다섯 번째 트랙 「Primitive silence」에서는 아주 짧게 인디오 플루트가 적막한 공간을 연출하여 분위기가 다소 반전된다. 그리고 타

블라의 둔탁한 리듬과 기타의 서로 어우러지지 않은 사운드가 각각 유별난 원시 종족의 스산한 의식을 연상케 하는 선율이 되어「Serpent」트랙에 담겨졌다. 아마 섬뜩한 동물을 숭배하는 이 민족의식의 독특한 색감을 아름답게 표현하지 않았나 싶어 인상적이다. 이내 생동감이 있는 선율이 이어진다. 전자 하프의 서주와 인디오 플루트의 대화가 무척 다정스럽다. 마치 영적인 힘을 얻은 듯한 사람의 행복한 감상을 노래하지 않았나 싶은 사운드가「Spirit guides」에서 드러난다.

여기에는 정서와 친화하기 쉬운 선율이 있고 이 민족의 색다른 의식과의 섞임이 있다. 그리고 음악마다 각각 다양한 시각적인 색감을 뚜렷하게 느낄 수 있다는 점에서 사티의 음악 언어를 다시 한번 경험할 수 있다.

예수님의 초상

밀라노를 여행하는 사람들에게 산타 마리아 성당의「최후의 만찬」을 보는 것은 이제 명작의 이름값을 확인하는 코스쯤으로 여겨진다. 이곳에서 보았던 예수님의 얼굴과 관련한 한 음악에서 뉴에이지 음악의 규범적인 겉모양을 볼 수 있음 직하다.

사전에 예견했던 것처럼 복원 공사가 한창 진행중인 현장은 꽤나 산만한 분위기였다. 성당 벽면의 희미한 그림 흔적을 볼 수 있었던 것은 스물대여섯 명이 차례를 기다린 후에 시차를 두어 안내자를 따라 실내조명 스위치를 작동시키는 잠깐 동안이었다. 놀랍게도 사진을 통하여 익숙해진 그림을 벽면에 중첩시켜 보아야 어렴풋이 그 원래 색상을 느낄 수 있을 만큼 원화는 심히 훼손되어 있는 게 아닌가. 오래되고 낡은 벽지를 방치해 두어 떨어져 나가 누더기가 되어버린 것처럼. 지금까지 도대체 뭘 하고 있었기에 이 지경을 만들어 놓았느냐고 야단맞아야 할 사람이 틀림없이 있을 것 같다는 심통이 잔뜩 솟아오른다.

안내인의 복원 과정에 대한 간단한 설명이나 제2차세계대전 시 연합군의 공습으로 벽면에 균열이 발생했다는 이야기 하며, 그나마 손상되지 않은 것은 대단히 다행이었다는 등등 늘어놓는 이야기가 석연치 않다. 뭐라고 해야 옳을까. 명화가 존재한다는 사실을 확인하는, 아니면 존재했던 흔적을 목격하는 절차에 불과한 여행이었을까 싶어 못내 아쉽다. 마음을 가라앉히고는 성호를 긋고 나서 성당을 빠져나온다.

잔을 받으라, 이 잔은 대속을 위한 피이니라. 빵을 받으라, 이 빵은 내 살일지니.

사실 그림 속에서 이런 그리스도의 말씀이 듣고 싶었으나 사정은 여의치 못했다.

레오나르드 다빈치의 이 르네상스 시대 걸작을 보기 위하여 줄을 서는 부류 또한 다양할 수밖에 없었다. 성스러운 순례 행렬이 있나 하면 숱하게 들끓는 뜨내기 관광객들⋯⋯. 문제는 이 모든 사람들이 예수님의 초상, 아니 '성안'을 보고 싶어

한다는 뜻이다. 다빈치 역시 열두 제자를 중심으로 예수님을 두어 그 염원을 시각적으로 디자인했을 터였다. 예수님의 성 안만큼이나 많은 사람들이 보고 싶어 하는 그림이 또 있을까?

이 최후의 만찬 현장에 사진사가 있었으면 얼마나 좋았을까? 그리고 이렇게 되어야 옳지 않았을까? 아마도 사진사는 까만 보자기 속에 머리를 박고는 파인더를 들여다보면서 이렇게 그림을 정리했을 것이다.

예수님께서는 고개를 조금 들어주시겠어요? 네, 좋습니다. 베드로님은 옆으로 조금 더 다가서 주시구요. 얼굴 표정이 너무 어두워요. 유다님, 좀 웃어 보세요. 됐습니다. 이제 찍겠습니다. 치~즈…… 찰칵.

이게 여의치 않았다면 초상화 화가라도 그 자리에 꼭 있어야 했다. 그래서 예수님과 제자들의 친영을 스케치해 놓아야 했다. 그렇다면 그 준수한 풍모 외에 예수님 성안의 윤곽도 확인할 수 있었을 텐데. 그러나 이것은 짧은 생각인지도 모른다. 하나의 근거 자료인 양 치부하려는, 도서관 사서들의 무심한 생각쯤이다. 만약 친영이 있었다면 상황은 크게 달라졌을 것이다. 확연치 않은 이미지로 저마다의 마음속에 그려 넣은 그림이 더 아름다운 것인지도 모른다.

오랫동안 그렇게 많은 사람들이 보고 싶어 하던 그런 『예수님의 초상 Faces of the Christ』을 콘스탄스 덤비는 음악 언어로 무척 아름답게 스케치했다. 스트링 오케스트라의 높고 낮은 음역의 샘플링 음향이 음반 전반을 일관되게 장악하고, 이따금 옅은 색채를 가진 무어인들의 향취를 더했다. 예수님의 얼굴 윤곽, 피부색, 눈매, 체격, 헤어스타일까지도 그려볼 수 있을 것 같다. 마음이 무거울 땐 어쩌면 예수님을 위한 진혼곡인 것처럼 들리기도 한다.

소리의 염세주의

적막한 공간, 그곳에는 오히려 내면세계에 대하여 가장 적나라한 시선을 두게 하는 마력이 있다고 한다. 그것은 때로는 두려움이 되고, 강한 고립감으로 작용하기도 한다. 그래서 음악 언어에 의하여 '적막함(Silence)'이라는 상반된 공간을 연출

하려 했던 시도는 주로 내적인 영감에 시선을 둔 명상가들의 관점이었다. 그리고 그 적막함이 초래하는 번뇌와 불안함을 넘어섰을 때 또 다른 경지의 정서적인 균형을 경험하게 된다고 한다.

밝고 고무된 정서를 함양한다는 전통적인 음악의 통념에 비하여, 이제 새로운 음악철학은 인간의 두려움이나 욕망과 충동을 드러내고 다스린다는 뜻에 착안하기에 이른다.

스티브 로쉬가 『Structure from Silence』 음반에서 대단히 정숙한 공간을 묘사하고 있는 내용 역시 회화적인 이미지를 연상케 한다. 그것도 꽤 난해한 초현실주의 화폭을 앞에 두고 있는 듯한 느낌이다. 단순한 멜로디가 반복 순환하고 아주 느린 속도로 음량이 확대되다가는 다시 정적 속으로 소멸하는 구도는 모자이크 타일 모양의 캔버스에다 불규칙하게 색채를 떨어뜨려 놓는 이미지이다. 종래 전통음악의 고정관념을 뛰어넘는 구조가 다소 낯설긴 하지만 이 또한 유려한 사운드가 되어 실로 적막한 공간 속을 절묘하게 반향한다. 요컨대 밝은 부분을 그리기 위하여 어두운 배경을 두는 화폭과 유사한 구성이 아닐까 한다.

이 음악의 구조를 이런 모양으로 풀이해 볼 수 있다. 우선 완전히 비어 있는 공간이 있다고 가정해 본다. 적막한 공간이다. 그 적막함 속에 있는 사람은 두렵기만 하다. 자신의 마음 안에 있는 안목은 그 공간 속에서 도무지 위치를 확인할 수가 없기 때문이다. 고립되었다는 감상이 주는 불안감 따위라고 해도 좋겠다. 정적 속에서 혹 물방울 떨어지는 아주 작은 소리라도 들었다면 그나마 불안한 감상에서 조금은 벗어나기 시작한다. 그러나 소상하게 자신의 크기나 좌표를 확인하는 데는 아직 부족하다. 그런데 그 물방울 떨어지는 소리의 파장이 어느 벽면에 부딪쳐 반향하는 여운을 남길 때, 그 사람은 공간 안에서 자신을 느끼게 되고 비로소 안도할 수 있을 것이라는 의미이다. 스티브 로쉬는 다시금 그 음향들을 반대 방향으로 되돌리고, 소멸하는 소리의 여운 속에 적막한 공간을 연출한다. 그리고 거기에 꽤나 복잡한 상념을 불러일으킬 음색을 단순한 선율에 담아 흘려 놓았다. 소위 '회색 엠비언트(Dark Ambient)'의 전형적인 모양새를 하고 있다.

고흐 그리고 노란색의 집

바이어 유니스(Vir Unis)는 고갱과 고흐가 잠시 공동생활을 영위했던 장소에 착안한 음악을 연주했다. 그리고 『노란색의 집 The Yellow House』이라는 음반에서 우선 두 천재 화가들의 접점에 포인트를 두었다. 그리고 재즈 뮤지션 크리스토퍼 쇼트 (Christopher Short)의 기타연주를 몇 개의 트랙에 더하여 맑은 울림을 재현했다. 길지 않은 기간 동안이지만 서로 조화를 이루지 못한 채 부딪쳐야 했던 성깔이나 한없이 외로웠던 두 예술가의 갈등과 그림을 노래하여 수록한 아름다운 음반이다.

'노란색의 집'이라, 그 화폭의 짙은 청색 하늘과 길모퉁이에 있는 황색 건물의 극명한 대비가 예사롭지 않다. 고흐의 색에 대한 관념을 보는 듯한 화폭이기도 하거니와, 음악가 역시 이 그림의 생동감이나 색감을 놓치지 않았고, 현대음악의 시각적인 이미지를 충분히 보여준다. 두 화가의 짙은 색채에 대한 철학은 전자악기의 아름다운 음색에 의하여 그려지는데, 밝은 햇살을 받아 반사하는 아름다운 색감은 어느새 고흐의 탐욕과 마주하며 요동하는 소용돌이가 되어 있었고, 인디오들의 원시적인 색감을 통하여 자신의 화폭에 깃들 자유로움을 찾아 방황했던 고갱의 야수성을 노래했다.

첫 번째 트랙 「남 프랑스의 수도원 Monastery of the south」, 고흐가 하나님의 복음을 전하려는 포부를 접고 아를르 지방에서 그림을 그리기 시작할 당시의 지역 풍광을 연주했다. 완만

『The Yellow House』.

한 슬로프 위에 펼쳐지는 밀밭, 그리고 맑은 공기와 넓은 시야가 있고 밝은 햇살을 느끼게 한다. 하지만 점차 스산한 음정으로 변화를 주어 그의 생활이 순탄치 못하다는 분위기를 암시한다. 후에 정신 질환 요양을 위해 다시 돌아와 그 수도원에 격리되었을 터인데, 그때 고흐의 눈에 비친 '오베르(Auvers Sur-Oise)'의 경관이 그러지 않았을까. 이따금 바람소리와 함께 하늘의 구름층이 강한 소용돌이를 느끼게 하는 사운드가 다소 지루하다.

「영원으로 통하는 문 On the threshold of the eternity」과 「먼 여행 Journey of wayfarers」 그리고 「폭풍의 바다 Stormy seas」에서는 이 두 화가들에게 좀처럼 채워지지 않는 예술을 향한 열정과 탐욕을 불협화음을 동원하여 일관되게 그려내었다. 도대체 무슨 의도일까? 이쯤 되면 음악은 그 통상의 의미를 멀찌감치 벗어나 있다. 잔뜩 고행이 만발한 고흐의 정신세계로 듣는 사람을 몰아넣고는 그들의 귀를 학대한다. 도무지 종잡을 수 없는 꽤나 스산한 감상, 그것은 화가의 영혼으로부터의 절규였을까?

한순간 고흐의 광기는 고갱에 대한 살의로까지 발전했을 터인데, 여의치 않았던 고흐로서는 그 순간 거울을 마주하고 서 있었고, 자신의 귀를 잘라내게 했을 만큼 발작은 그 진폭이 커져 있었다. 서로에게 상처만 남겨준 채 맞아야 하는 공동생활의 끝남, 그리고 결별로 이어지는 일련의 이미지들을 하나씩 차례대로 스산하고 수월치 않은 의미를 두어 연주했다. 소위 '회색의 엠비언트'라고 할 무거운 톤의 선율이 이 두 미술가들의 번뇌를 깊이 있게 묘사하고 있다.

마침내 페루의 리마에서 보낸 어린 시절부터 고갱 자신 속에 살아 숨 쉬고 있던, 그의 야만적인 색감을 그려낼 수 있는 환경을 타히티에서 찾았다는 안도감을 연주한 것이 「낙원으로 Quest for paradise」 트랙이다. 화가의 행복한 감상을 아름답게 표현하고 있다. 그러나 가지런한 화음이 있는 선율을 다른 곡에 비하여 아주 짧은 시간 동안만 연주하여, 이 또한 잠시뿐이라는 의미를 전한다.

마지막 곡은 다시 고흐의 「별이 빛나는 밤 Starry night」을 연주했다. 애초에 아름다운 별이 있는 밤 속의 서정적인 풍경을 스케치했을 법한데, 그림이나 음악은 그렇지 않은 것이었다. 고흐의 그 채워질 줄 모르는 탐욕과 열정은 아름다운 밤

풍경을 앞에 두고도 좀처럼 식을 줄 모르는 격정으로 소용돌이가 되어 맴돈다. 역시 이 음악 또한 그 열기를 무척 아름답게 혹은 사실적으로 소화해냈다. 그리고 여기에서 재즈 기타리스트 크리스토퍼 쇼트의 연주가 그 감상에 깊이를 더한다.

바이어 유니스는 미국 미니애폴리스에서 음악활동을 이어가고 있으며, 제임스 존슨(James Johnson)이나 스티브 로쉬와 더불어 여러 엠비언트 또는 '미래주의 음악(Futuristic Music)' 분야에서 많은 시선을 모으고 있다.

그의 작품들은 현대음악의 한가운데에 위치하는 중요한 음악양식에 해당하지만 가까이하기에 다소 난삽하다는 의견들이 있을 만큼 한 걸음 앞서 가고 있다. 대단히 깊고 장중한 음향의 파노라마 속으로 몰입하게 하는 특징이 있어, 크고 웅장한 음향을 선호하는 마니아들 사이에서는 대단히 윗자리에 두는 음악가에 해당한다.

이런 장르의 음악을 혹자는 '우주적인 명상음악(Meditational Space Music)'이라고 구분하기도 한다. 장 미셸 자르가 인상주의 음악 언어를 통하여 시각적인 외양에 관한 선율을 연주했던 것에 비하여, 바이어 유니스는 전위적인 표현주의와 미니멀리즘 이념을 적극 수용하고, 어떤 멜로디보다 각각 독특한 음향이 건네는 깊은 속내로부터의 충동이나 욕망, 그리고 두려움 등 어두운 감상의 영역까지도 밝은 면과 대등하게 그 표현대상에서 배제하지 않고 있다.

참고음반

김정자, 『하늘과 땅 그리고 명상』, C&L Music, 2002.

Andre Gagnon, *Image*, Polygram, 2000.

Beatles, *Sgt. Pepper's Lonely Hearts Club Band*, Capitol, 1967.

Christopher O'riley, *True Love Waits, Christopher O'riley Plays Radiohead*, Sony, 2003.

Claude Debussy, *La Mer*, Polygram Records, 1999.

Cleo De Malio, *Flying Fish*, IC/Digit Music Gmbh, 1998.

Constance Demby, *Faces of The Christ*, Sound Currunts, 2001.

Constance Demby, *Sanctum Sanctuorum*, Firstlight Music, 2001.

David Lantz, *Christofor's Dream*, Narada, 1988.

Enya, *The Celts*, BBC Enterprise, 1987.

Erik Satie, *Piano Works*, Angel Records, 1992.

George Winston, *Forest*, Windhamhill, 1994.

Isao Tomita, *Snow Flakes are Dancing*, RCA Victor, 1974.

James Rado, *Hair, The American Tribal Love Rock Musical*, RCA, 1990. (Original Broadway Cast, 1968).

Jean-Michel Jarre, *Equinoxe*, Drefus, 1978.

Kraftwerk, *Autobhan*, EMI, 1996.

M. Mussorgsky, *Pictures at an Exibition*, Polygram, 1990.

Maksim, *The Piano Player*, MBO Records, 2003.

Miles Davis, *Get up with It*, Colombia, 1974.

Olivier Maessian, *Quartuor Pour La Fin Du Temps*, RCA, 1989.

Philip Glass, *La Belle et la bette*, Nonesuch Records, 1995.

Rachel's, *Music for Egon Schiele*, Quarter Stick, 1996.

Richard Cocciante, *Le Petit Prince*, Nodo, 2002.

Richard Wagner, *Lohengrin*, Angel Records, 2000.

Steve Blenkinsopp, *Making Waves*, Waveform, 1988.

Steve Roach, *Structure from Silence*, Projekt, 2001.

Symbian, *No Man's Land*, IC/Digit Music Gmbh, 1995.

Symbian, *The Skywatcher*, IC/Digit Music Gmbh, 1993.

Tangerine Dream, *Electronic Meditation*, Sanctuary, 2002.

Vangelis, *The City*, Atlantic, 1991.

Vasco Martins, *Sarva Mangalam*, Celuloid, 2003.

Wendy Carlos, *Switched on-Bach*, 1968. Colombia.

참고문헌

매릴린 퍼거슨, 김용주 옮김, 『뉴에이지 혁명』, 정신세계사, 1994.

브레들리 콜린스, 이은희 옮김, 『반 고흐 vs 폴 고갱』, 다빈치, 2000.

세르즈 위땡, 황준성 옮김, 『신비의 지식, 그노시즘』, 문학동네, 1999.

신상언, 『사탄은 마침내 대중문화를?』, 낮은울타리, 1999.

연세대학교 음악연구소, 「음악에서의 크로스오버 현상과 실체」, 2003 추계 심포지엄 자료.

이종구, 『20세기 시대정신과 현대음악』, 한양대학교출판부, 1999.

David-Neel, Alexandra, *My Journey To Lhasa*, Beacon Press, 1993.

Lanza, Joseph, *Elevator Music, A Surreal History Of Muzak, Easy-listening, and Other Moodsong*, University Of Michigan Press, 1997.

Knight, Judson, *Abby Road To Zapple Records, A Beatles Encyclopedia*, Taylor, 1999.

뉴에이지 음악 그리고 크로스오버 이야기

펴낸날	초판 1쇄 2004년 1월 15일
	초판 3쇄 2011년 6월 30일

지은이	양한수
펴낸이	심만수
펴낸곳	(주)살림출판사
출판등록	1989년 11월 1일 제9-210호

경기도 파주시 교하읍 문발리 파주출판도시 522-1
전화 031)955-1350 　 팩스 031)955-1355
기획·편집 031)955-1377
http://www.sallimbooks.com
book@sallimbooks.com

ISBN 978-89-522-0183-6 　 04080